Laßt euch vom Geist bewegen

Laßt euch vom Geist bewegen

Enzyklika
ÜBER DEN HEILIGEN GEIST
Papst Johannes Pauls II.

Mit einem Kommentar
von Hans Urs von Balthasar

Herder

Freiburg · Basel · Wien

Alle Rechte vorbehalten – Printed in Germany
© Verlag Herder Freiburg im Breisgau 1986
Imprimatur. – Freiburg im Breisgau, den 28. Juli 1986
Der Generalvikar: Dr. Schlund
Herstellung: Freiburger Graphische Betriebe 1986
ISBN 3-451-20867-9

Inhalt

Dritter Teil
Der Geist, der lebendig macht

Kommentar
von Hans Urs von Balthasar

ENZYKLIKA

DOMINUM ET VIVIFICANTEM

VON

PAPST JOHANNES PAUL II.

ÜBER DEN HEILIGEN GEIST
IM LEBEN DER KIRCHE
UND DER WELT

Einleitung

Verehrte Mitbrüder im Bischofsamt,
liebe Söhne und Töchter!
Gruß und Apostolischen Segen!

1. Die Kirche bekennt ihren Glauben an den *Heiligen Geist* als den, *„der Herr ist und lebendig macht"*. So spricht sie im sogenannten nizäno-konstantinopolitanischen Glaubensbekenntnis, das nach den beiden Konzilien – dem von Nizäa (325) und dem von Konstantinopel (381) – benannt ist, auf denen es formuliert oder verkündet worden ist. Darin fügt man noch hinzu, daß der Heilige Geist „durch die Propheten gesprochen hat".

Diese Worte empfängt die Kirche aus der Quelle ihres Glaubens selbst, von Jesus Christus. Nach dem Johannesevangelium ist uns ja mit dem neuen Leben der Heilige Geist geschenkt worden, wie Jesus am großen Tag des Laubhüttenfestes ankündigt und verspricht: „Wer Durst hat, komme zu mir, und es trinke, wer an mich glaubt. Wie die Schrift sagt: Aus seinem Inneren werden Ströme von lebendigem Wasser fließen".[1] Und der Evangelist erklärt dies: *„Damit meinte er den Geist,* den alle empfangen sollten, die an ihn glauben".[2] Das ist derselbe Vergleich mit dem Wasser, den Jesus im Gespräch mit der samaritischen Frau benutzt, wenn er von der „sprudelnden Quelle" spricht, „deren Wasser ewiges Leben schenkt",[3] wie auch im Gespräch mit Nikodemus, wenn er die Notwendigkeit einer neuen *Geburt „aus Wasser und Geist"* ankündigt, um in das Reich Gottes zu kommen.

Durch das Wort Christi belehrt und durch die Pfingst-
erfahrung und die eigene apostolische Geschichte berei-
chert, verkündet die Kirche deshalb von Anfang an
ihren Glauben an den Heiligen Geist als den, *der lebendig macht* und *in dem sich der unerforschliche dreieinige
Gott den Menschen mitteilt* und so in ihnen die Quelle
zum ewigen Leben begründet.

2.   Dieser Glaube, den die Kirche ununterbrochen bekennt, muß im Bewußtsein des Volkes Gottes immer
wieder neu belebt und vertieft werden. In den letzten
hundert Jahren ist dies schon mehrmals geschehen: von
Leo XIII., der die Enzyklika *Divinum illud munus* (1897)
herausgegeben hat, die vollständig dem Heiligen Geist
gewidmet ist, zu *Pius XII.,* der sich in der Enzyklika *Mystici Corporis* (1943) auf den Heiligen Geist als das Le-
bensprinzip der Kirche bezieht, in der dieser zusammen
mit Christus, dem Haupt des mystischen Leibes, wirkt;[5]
bis zum *II. Vatikanischen Ökumenischen Konzil,* das
auf die Notwendigkeit hingewiesen hat, sich erneut der
Lehre vom Heiligen Geist zuzuwenden, wie *Paul VI.* un-
terstrich, als er sagte: „Auf die Christologie und vor allem auf die Ekklesiologie des Konzils muß nun ein neues
Studium und eine neue Verehrung des Heiligen Geistes
folgen, eben als notwendige Ergänzung der Lehre des
Konzils".[6]

In unserer Epoche sind wir also *vom stets alten und
zugleich neuen Glauben der Kirche aufgerufen,* uns näher mit dem Heiligen Geist zu befassen als dem, *der lebendig macht.* Hierbei ist uns Hilfe und Ansporn auch
das gemeinsame Erbe mit den *Ostkirchen,* die den außer-
ordentlichen Reichtum der Lehre der Väter über den
Heiligen Geist mit großer Sorgfalt bewahrt haben. Auch
darum können wir sagen, daß eines der wichtigsten

kirchlichen Ereignisse der letzten Jahre die 1600-Jahr-
feier des *I. Konzils von Konstantinopel* gewesen ist, die
am Pfingstfest des Jahres 1981 gleichzeitig in Konstantinopel und in Rom begangen worden ist. Der *Heilige
Geist* hat sich damals durch die Meditation über das Geheimnis der Kirche deutlicher als derjenige gezeigt, der
die Wege angibt, die zur Einheit der Christen führen, ja
sogar als *die tiefste Quelle dieser Einheit,* die aus Gott
selbst stammt und der der heilige Paulus besonderen
Ausdruck mit den Worten verliehen hat, mit denen oft
die Eucharistiefeier beginnt: „Die Gnade unseres Herrn
Jesus Christus, die Liebe Gottes des Vaters und die Gemeinschaft des Heiligen Geistes sei mit euch".[7]

Von dieser Aufforderung haben die vorhergehenden
Enzykliken *Redemptor hominis* und *Dives in misericordia* gewissermaßen ihren Ausgang und ihre Inspiration
genommen; sie heben das Ereignis unserer Erlösung besonders hervor, das sich im Sohn vollzogen hat, den der
Vater in die Welt gesandt hat, „damit die Welt durch ihn
gerettet wird"[8] und „jeder Mund bekennt: Jesus Christus
ist der Herr – zur Ehre Gottes des Vaters".[9] Aus dieser
Aufforderung erwächst nun *die vorliegende Enzyklika
über den Heiligen Geist,* der aus dem Vater und dem
Sohn hervorgeht, der mit dem Vater und dem Sohn an-
gebetet und verherrlicht wird: Als göttliche Person lebt
er im Herzen des christlichen Glaubens und ist Quelle
und treibende Kraft für die Erneuerung der Kirche.[10]
Diese Enzyklika schöpft *aus der Tiefe des konziliaren Erbes.* Durch ihre Lehre über die Kirche in sich und über
die Kirche in der Welt regen uns nämlich die Konzilstexte dazu an, uns immer mehr in das dreifaltige Geheimnis Gottes selbst zu vertiefen und dabei dem Weg
des Evangeliums, der Väter und der Liturgie zu folgen:
zum Vater – durch Christus – im Heiligen Geist.

Auf diese Weise gibt die Kirche auch Antwort auf gewisse tiefe Anliegen, die sie im Herzen der Menschen von heute zu erkennen glaubt: eine neue Entdeckung Gottes in seiner transzendenten Wirklichkeit als unendlicher Geist, wie Jesus ihn der samaritischen Frau kundtut; die Notwendigkeit, ihn „im Geist und in der Wahrheit" anzubeten;[11] die Hoffnung, in ihm das Geheimnis der Liebe und die Kraft zu einer „neuen Schöpfung"[12] zu finden: Ja, es geht genau um denjenigen, *der das Leben schenkt.*

Zu einer solchen Sendung, nämlich den Heiligen Geist zu verkünden, weiß sich die Kirche berufen, während sie sich zusammen mit der Menschheitsfamilie dem *Ende des zweiten Jahrtausends nach Christus* nähert. Angesichts von Himmel und Erde, die „vergehen", ist ihr bewußt, daß „die Worte, die nicht vergehen",[13] eine besondere Aussagekraft bekommen. Es sind die Worte Christi über den Heiligen Geist, die unerschöpfliche Quelle für das „Wasser, das … ewiges Leben schenkt",[14] als Wahrheit und heiligmachende Gnade. Über diese Worte will sie nachdenken, auf diese Worte möchte sie die Gläubigen und alle Menschen aufmerksam machen, während sie sich darauf vorbereitet – wie wir noch erläutern werden –, das große Jubiläum zu begehen, welches den Übergang vom zweiten zum dritten christlichen Jahrtausend besonders kennzeichnen soll.

Natürlich wollen die folgenden Betrachtungen die überaus reiche Lehre vom Heiligen Geist nicht vollständig ausschöpfen noch irgendeine Lösung für noch offenstehende Fragen begünstigen. Sie beabsichtigen in erster Linie, in der Kirche das Bewußtsein dafür zu entwickeln, „daß sie im Heiligen Geist angetrieben wird, mitzuwirken, daß der Ratschluß Gottes, der Christus zum Ursprung des Heils für die ganze Welt bestellt hat, tatsächlich ausgeführt werde"[15].

Erster Teil

Der Geist des Vaters und des Sohnes, ein Geschenk an die Kirche

1. Verheißung und Offenbarung Jesu beim Ostermahl

3. Als für Jesus Christus der Zeitpunkt zum Verlassen dieser Welt kurz bevorstand, kündigte er den Aposteln „einen anderen Beistand" an. [16] Der Evangelist Johannes, der zugegen war, schreibt, daß sich Jesus während des Ostermahles vor dem Tag seines Leidens und Sterbens mit den folgenden Worten an sie gewandt habe: „Alles, um was ihr in meinem Namen bittet, werde ich tun, damit der Vater im Sohn verherrlicht wird ... Ich werde den Vater bitten, und er wird euch einen anderen Beistand geben, der für immer bei euch bleiben soll. Es ist der Geist der Wahrheit". [17]

Gerade diesen Geist der Wahrheit nennt Jesus *Parakletos* – und Parakletos bedeutet „Tröster", auch „Fürsprecher" oder „Rechtsbeistand". Er spricht von einem „anderen", zweiten Beistand; denn er selbst, Jesus Christus, ist der erste Beistand, [18] weil er als erster die Frohe Botschaft gebracht und verkündet hat. Der Heilige Geist kommt nach ihm und durch ihn, um in der Welt das Wirken der *Frohen Botschaft vom Heil* mit Hilfe der Kirche fortzusetzen. Von dieser Fortführung seines Werkes durch den Heiligen Geist spricht Jesus wiederholt während der gleichen Abschiedsrede, als er die im Abendmahlssaal versammelten Apostel auf sein Weggehen, das heißt auf sein Leiden und seinen Tod am Kreuz, vorbereitet.

Die Worte, auf die wir uns hier beziehen, stehen im *Johannesevangelium.* Jedes von ihnen fügt jener Ankündigung und Verheißung einen bestimmten neuen Inhalt hinzu. Zugleich aber sind sie im Hinblick auf dieselben Ereignisse, aber auch im Blick auf das Geheimnis von Vater, Sohn und Heiligem Geist eng miteinander verbunden, das Geheimnis, das vielleicht in keinem Abschnitt der Heiligen Schrift einen so bedeutenden Ausdruck findet wie gerade hier.

4. Kurz nach der oben erwähnten Ankündigung fügt Jesus hinzu: „Der Beistand aber, der Heilige Geist, den der Vater in meinem Namen senden wird, der wird euch alles *lehren* und euch an alles *erinnern,* was ich euch gesagt habe". [19] Der Heilige Geist soll der Beistand der Apostel und der Kirche sein, stets gegenwärtig unter ihnen – wenn auch unsichtbar – als Lehrer derselben Frohen Botschaft, die Christus verkündigt hat. Dieses „Lehren" und „Erinnern" besagt nicht nur, daß er in der ihm eigenen Weise fortfährt, die Ausbreitung der Heilsbotschaft zu fördern, sondern auch hilft, die wahre Bedeutung des Inhaltes der Botschaft Christi zu verstehen, sowie die Kontinuität und Identität ihres Verständnisses inmitten der wechselnden Bedingungen und Umstände zu sichern. Der Heilige Geist soll also bewirken, daß in der Kirche stets *dieselbe Wahrheit,* wie die Apostel sie von ihrem Meister gehört haben, fortlebt.

5. Bei der Weitergabe der Frohen Botschaft sollen die Apostel in besonderer Weise dem Heiligen Geist verbunden sein. Hierzu sagt Jesus anschließend: „Wenn aber der Beistand kommt, den ich euch vom Vater aus senden

werde, der Geist der Wahrheit, der vom Vater ausgeht, *dann wird er Zeugnis für mich ablegen.* Und auch ihr sollt Zeugnis ablegen, weil ihr von Anfang an bei mir seid". [30]

Die Apostel waren unmittelbare Zeugen, Augenzeugen. Sie haben Christus „gehört" und „mit eigenen Augen gesehen", sie haben ihn „geschaut" und sogar „mit eigenen Händen angefaßt", wie derselbe Evangelist Johannes an anderer Stelle schreibt. [21] Dieses ihr menschliches und „geschichtliches" Augenzeugnis von Christus verbindet sich mit dem Zeugnis des Heiligen Geistes: „Er wird Zeugnis für mich ablegen". *Im Zeugnis des Geistes der Wahrheit soll das menschliche Zeugnis der Apostel seine stärkste Stütze finden.* Und später soll es darin auch das verborgene Fundament seiner Kontinuität zwischen den Generationen von Jüngern und Bekennern Christi finden, die im Laufe der Jahrhunderte aufeinander folgen werden.

Wenn Jesus Christus selbst die höchste und vollständigste Offenbarung Gottes für die Menschheit ist, so fördert, gewährleistet und bekräftigt *das Zeugnis des Geistes* ihre getreue Weitergabe in der Verkündigung und den Schriften der Apostel, [22] während *das Zeugnis der Apostel* ihr den menschlichen Ausdruck in der Kirche und in der Geschichte der Menschheit sichert.

6. Das wird auch ersichtlich aus der engen Beziehung von Inhalt und Absicht zur soeben erwähnten Ankündigung und Verheißung, wie sie sich in den anschließenden Worten des johanneischen Textes findet: „Noch vieles habe ich euch zu sagen, aber ihr könnt es jetzt nicht tragen. Wenn aber jener kommt, der Geist der Wahrheit, *wird er euch in die ganze Wahrheit führen.* Denn er wird nicht aus sich selbst heraus reden, sondern er wird sagen, was er hört, und euch verkünden, was kommen wird". [23]

In seinen vorhergehenden Worten stellt Jesus den Beistand, den Geist der Wahrheit, als denjenigen dar, der „lehren" und „erinnern" wird, der für ihn „– Zeugnis ablegen" wird; jetzt sagt er: „Er wird euch in die ganze Wahrheit führen". Dieses „Einführen in die ganze Wahrheit" im Hinblick auf das. was die Apostel jetzt noch nicht tragen können, hängt notwendigerweise mit der *Entäußerung Christi* durch Leiden und Tod am Kreuz zusammen, die damals, als diese Worte gesprochen wurden, kurz bevorstand.

Dann wird jedoch deutlich, daß dieses „Einführen in die ganze Wahrheit", sich nicht nur auf das „scandalum crucis" – das Ärgernis des Kreuzes – bezieht, sondern auch auf alles, was Christus „getan und gelehrt hat".[24] Denn das gesamte *Mysterium Christi* erfordert den Glauben, weil dieser es ist, der den Menschen auf angemessene Weise in die Wirklichkeit des geoffenbarten Geheimnisses einführt: Die „Einführung in die ganze Wahrheit" verwirklicht sich also im Glauben und mit Hilfe des Glaubens: Sie ist das Werk des Geistes der Wahrheit und die Frucht seines Wirkens im Menschen. Der Heilige Geist muß hierbei der oberste Führer des Menschen, das Licht des menschlichen Geistes sein. Das gilt für die Apostel, die Augenzeugen, die nunmehr allen Menschen die Botschaft bringen sollen von dem, was Christus „getan und gelehrt hat", vor allem aber von seinem Kreuz und seiner Auferstehung. In einer umfassenderen Sicht gilt das auch für alle Generationen von Jüngern und Bekennern des Meisters; denn sie sollen das Geheimnis Gottes, das in der Geschichte des Menschen am Werk ist, im Glauben *annehmen* und mit Freimut *bekennen,* das geoffenbarte Geheimnis, das den endgültigen Sinn dieser Geschichte erklärt.

7. Zwischen dem Heiligen Geist und Christus besteht also in der Heilsordnung eine innere Verbindung, durch die der Geist in der Geschichte des Menschen als „ein anderer Beistand" wirkt, indem er Weitergabe und Ausbreitung der von Jesus von Nazaret offenbarten Frohen Botschaft auf Dauer sicherstellt. Im Heiligen Geist als Paraklet, der im Geheimnis und im Wirken der Kirche die geschichtliche Gegenwart des Erlösers auf Erden und sein Heilswerk unaufhörlich fortsetzt, strahlt deshalb die Herrlichkeit Christi auf, wie die anschließenden Worte bei Johannes bezeugen: „Er (der Geist der Wahrheit) wird mich verherrlichen; denn *er wird von dem, was mein ist, nehmen und es euch verkünden"*.[25] Mit diesen Worten wird noch einmal all das bekräftigt, was die vorhergehenden Worte besagten: Er wird „lehren", „erinnern", „Zeugnis ablegen". Die höchste und vollständige Selbstoffenbarung Gottes, wie sie sich in Christus ereignet hat und durch die Predigt der Apostel bezeugt wurde, tut sich weiterhin in der Kirche kund durch die Sendung des unsichtbaren Beistandes, des Geistes der Wahrheit. Wie innig diese Sendung mit der Sendung Christi verbunden ist, wie vollkommen sie aus dieser seiner Sendung schöpft, wenn sie seine Heilsfrüchte im Ablauf der Geschichte kräftigt und fördert, ist durch das Wort „nehmen" ausgedrückt: „Er wird von dem, was mein ist, nehmen und es euch verkünden". Um das Wort „nehmen" gleichsam zu erklären, indem er die göttliche und dreifaltige Einheit der Quelle deutlich hervorhebt, fügt Jesus hinzu: *„Alles, was der Vater hat, ist mein;* darum habe ich gesagt: *Er nimmt von dem, was mein ist,* und wird es euch verkünden".[26] Indem er von dem „Meinen" nimmt, schöpft er zugleich aus dem, „was der Vater hat".

Im Licht dieses „Nehmens" kann man ebenso auch die

anderen Worte über den Heiligen Geist erklären, die Jesus im Abendmahlssaal vor Ostern gesprochen hat, Worte von tiefer Bedeutung: „Es ist gut für euch, daß ich fortgehe. Denn wenn ich nicht fortgehe, wird der Beistand nicht zu euch kommen; *gehe ich aber, so werde ich ihn zu euch senden.* Und wenn er kommt, wird er die Welt überführen (und aufdecken), was Sünde, Gerechtigkeit und Gericht ist".[27] Auf diese Worte wird noch in einer gesonderten Betrachtung zurückzukommen sein.

2. *Vater, Sohn und Heiliger Geist*

8.   Es ist charakteristisch für den johanneischen Text, daß dort der Vater, der Sohn und der Heilige Geist deutlich als Personen genannt werden, von denen die erste von der zweiten und dritten unterschieden ist, ebenso wie diese beiden untereinander. Jesus spricht vom Geist, dem Beistand, indem er mehrmals das personale Fürwort „er" benutzt; zugleich offenbart er in der gesamten Abschiedsrede die Bindungen, die den Vater, den Sohn und den Heiligen Geist untereinander vereinen. So „geht der Geist ... vom Vater aus",[28] und der Vater „gibt" den Geist.[29] Der Vater „sendet" den Geist im Namen des Sohnes,[30] der Geist „legt Zeugnis ab" für den Sohn.[31] Der Sohn bittet den Vater, den Geist als Beistand zu senden,[32] aber ebenso schenkt er uns im Blick auf sein „Fortgehen" durch das Kreuz die Verheißung: „Wenn ich fortgehe, werde ich ihn zu euch senden".[33] Der Vater sendet also den Heiligen Geist kraft seiner Vaterschaft, wie er auch den Sohn gesandt hat;[34] zugleich aber sendet er ihn kraft der von Christus gewirkten Erlösung – und in diesem Sinne wird der Heilige Geist auch vom Sohn gesandt: „Ich werde ihn zu euch senden".

Während alle anderen Verheißungen des Abendmahlssaals das Kommen des Heiligen Geistes einfachhin
für die Zeit nach dem Fortgang Christi ankündigen, so
gilt hier zu bemerken, daß die Verheißung des Textes
Joh 16,7 f. klar auch die Beziehung der Abhängigkeit,
fast möchte man sagen, der *Ursächlichkeit,* zwischen
dem Eintreten des einen und des anderen Ereignisses einschließt und betont: „Wenn ich aber fortgehe, so werde
ich ihn zu euch senden". Der Heilige Geist wird kommen, insofern Christus durch den Kreuzestod fortgeht:
Er wird nicht nur *nach,* sondern *aufgrund* der Erlösung
kommen, die Christus nach dem Willen und durch das
Handeln des Vater gewirkt hat.

9.   In der österlichen Abschiedsrede erreichen wir also –
so können wir sagen – den *Höhepunkt der Offenbarung der
Dreifaltigkeit.* Zugleich stehen wir kurz vor endgültigen
Ereignissen und höchst entscheidenden Worten, die
schließlich in den großen missionarischen Auftrag ein-
münden werden, der sich an die Apostel und durch sie an
die Kirche richtet: „Darum geht zu allen Völkern, und
macht alle Menschen zu meinen Jüngern", ein Auftrag, der
in etwa bereits die trinitarische Tauformel enthält: *„Tauft
sie auf den Namen des Vaters und des Sohnes und des Heiligen Geistes".* [35] Diese Formel verweist auf das innerste Geheimnis Gottes und seines göttlichen Lebens: Vater, Sohn
und Heiliger Geist, göttliche Einheit in Dreifaltigkeit. Man
kann die Abschiedsrede lesen als eine besondere Vorberei-
tung auf diese trinitarische Formel, in der sich die lebens-
pendende Kraft des Sakramentes ausdrückt, das die *Teilhabe am Leben des dreieinigen Gottes* bewirkt, indem es
dem Menschen die heiligmachende Gnade als übernatürliche Gabe schenkt. Durch sie wird er berufen und „befähigt", am unerforschlichen Leben Gottes teilzuhaben.

10.   In seinem inneren Leben ist Gott Liebe,[36] wesenhafte Liebe, die den drei göttlichen Personen gemeinsam ist: Die personhafte Liebe aber ist der Heilige Geist als Geist des Vaters und des Sohnes. Daher „ergründet (er) die Tiefen Gottes"[37] als *ungeschaffene Liebe, die sich verschenkt.* Man kann sagen, daß im Heiligen Geist das innere Leben des dreieinigen Gottes ganz zur Gabe wird, zum Austausch gegenseitiger Liebe unter den göttlichen Personen, und daß Gott durch den Heiligen Geist als Geschenk existiert. Der Heilige Geist ist *der personale Ausdruck* dieses gegenseitigen Sich-Schenkens, dieses Seins als Liebe.[38] Er ist die Liebe als Person. Er ist Geschenk als Person. Wir stehen hier vor einem unergründlichen Reichtum der Wirklichkeit und vor einer unsagbaren Vertiefung des Begriffes von Person in Gott, wie nur die göttliche Offenbarung sie uns erkennen läßt.

Weil eines Wesens mit dem Vater und dem Sohn in seiner Göttlichkeit, ist der Heilige Geist zugleich Liebe und (ungeschaffenes) Geschenk, aus dem wie aus einer Quelle (*fons vivus* – lebendiger Quell) jegliche *Gabe an die Geschöpfe* entspringt (geschaffenes Geschenk): das Geschenk der Existenz für alle Dinge durch die Schöpfung; das Geschenk der Gnade für die Menschen durch die gesamte Heilsökonomie. Wie der Apostel Paulus schreibt: „Die Liebe Gottes ist ausgegossen in unsere Herzen durch den Heiligen Geist, der uns gegeben ist".[39]

3. Gott schenkt sich im Heiligen Geist zu unserem Heil

11.   Die Abschiedsrede Christi beim Ostermahl bezieht sich in besonderer Weise auf dieses „Schenken" und „Sichverschenken" des Heiligen Geistes. In diesem Text

des Johannesevangeliums enthüllt sich gleichsam die tiefste „Logik" des im ewigen Plan Gottes enthaltenen Heilsgeheimnisses als Ausweitung der unaussprechlichen Gemeinschaft des Vaters, des Sohnes und des Heiligen Geistes. Es ist die göttliche „Logik", die vom Geheimnis der Dreifaltigkeit zum Geheimnis der Erlösung der Welt in Jesus Christus führt. *Die Erlösung, vom Sohne Gottes vollbracht* in den Dimensionen der irdischen Geschichte des Menschen – vollbracht in seinem „Fortgehen" durch Kreuz und Auferstehung – wird zugleich in ihrer vollen erlösenden Kraft *dem Heiligen Geist übertragen:* demjenigen, der „von dem Meinen nehmen wird". [40] Die Worte des johanneischen Textes zeigen, daß das „Fortgehen" Christi im göttlichen Heilsplan unerläßliche Bedingung für die Sendung und das Kommen des Heiligen Geistes ist; sie besagen aber auch, daß Gott dann beginnt, *sich im Heiligen Geist zu unserem Heil erneut mitzuteilen.*

12. Es ist dies ein *neuer Anfang* im Vergleich zu jenem *ersten, ursprünglichen Anfang* der heilbringenden Selbstmitteilung Gottes, der mit dem Geheimnis der Schöpfung selbst identisch ist. So lesen wir schon in den ersten Zeilen des Buches der Genesis: „Im Anfang hat Gott Himmel und Erde geschaffen ..., und Gottes Geist *(ruah Elohim)* schwebte über dem Wasser". [41] Dieser biblische Begriff der Schöpfung enthält nicht nur den Ruf ins Dasein des Kosmos als solchem, das heißt das *Geschenk der Existenz,* sondern auch die Gegenwart des Geistes Gottes in der Schöpfung, das heißt den Anfang der heilbringenden Selbstmitteilung Gottes an die Dinge, die er erschafft. Das gilt *vor allem für den Menschen,* der nach Gottes Bild und Gleichnis geschaffen worden ist: „Laßt uns Menschen machen als unser Abbild, uns ähnlich". [42] „Laßt uns machen": Darf man an-

nehmen, daß die Mehrzahl, die der Schöpfer beim Sprechen von sich selbst hier benutzt, schon in gewisser
Weise das dreifaltige Geheimnis, die Gegenwart der
Dreifaltigkeit im Werk der Erschaffung des Menschen,
nahelegt? Der christliche Leser, der die Offenbarung dieses Geheimnisses bereits kennt, kann dessen Widerschein auch in diesen Worten schon entdecken. Auf
jeden Fall erlaubt uns der Zusammenhang des Buches
der Genesis, in der Erschaffung des Menschen den ersten
Anfang der heilbringenden Selbstmitteilung Gottes nach
dem Maß seines „Abbildes" und seiner „Ähnlichkeit" zu
sehen, die er dem Menschen schenkt.

13.   Es scheint also, daß auch die Worte Jesu bei der
Abschiedsrede im Hinblick auf jenen so fernen, aber
grundlegenden „Anfang" gelesen werden müssen, den
wir aus der Genesis kennen. „Wenn ich nicht fortgehe,
wird der Beistand nicht zu euch kommen; gehe ich aber,
so werde ich ihn zu euch senden". Indem Christus sein
„Fortgehen" als *Bedingung für das „Kommen"* des Beistandes darstellt, verbindet er den neuen Anfang der
heilbringenden Selbstmitteilung Gottes im Heiligen
Geist mit dem Geheimnis der Erlösung. Das ist ein neuer
Anfang vor allem deswegen, weil sich zwischen den ersten Anfang und die gesamte Geschichte des Menschen
– angefangen mit dem Urfall – die Sünde gestellt hat,
welche den Widerspruch zur Gegenwart des Geistes Gottes in der Schöpfung und vor allem *zur heilbringenden
Selbstmitteilung Gottes an den Menschen* bedeutet. Der
heilige Paulus schreibt, daß gerade aufgrund der Sünde
„die Schöpfung der Vergänglichkeit unterworfen ist ...
und bis zum heutigen Tag seufzt und in Geburtswehen
liegt" und daß sie „sehnsüchtig auf das Offenbarwerden
der Söhne Gottes wartet".[43]

14. Darum sagt Jesus Christus im Abendmahlssaal: „Es ist gut für euch, daß ich fortgehe"; „wenn ich aber gehe, so werde ich ihn zu euch senden".[44] Das „Fortgehen" Christi durch das Kreuz enthält erlösende Kraft – und das bedeutet auch eine neue Gegenwart Gottes in der Schöpfung: der neue Anfang der Selbstmitteilung Gottes an den Menschen im Heiligen Geist. „Weil ihr aber Söhne seid, sandte Gott den Geist seines Sohnes in unser Herz, den Geist, der ruft: Abba, Vater", schreibt der Apostel Paulus im Galaterbrief.[45] Der Heilige Geist ist *der Geist des Vaters,* wie die Worte der Abschiedsrede im Abendmahlssaal bezeugen. Er ist zugleich *der Geist des Sohnes: der Geist Jesu Christi,* wie die Apostel und insbesondere Paulus von Tarsus[46] bezeugen werden. Wenn dieser Geist „in unsere Herzen ausgegossen" wird, beginnt sich damit zu erfüllen, worauf die „Schöpfung sehnsüchtig wartet", wie wir im Römerbrief lesen.

Der Heilige Geist kommt *um den Preis* des „Fortgehens" Christi. Wenn dieses „Fortgehen" *bei den Aposteln Traurigkeit* hervorgerufen hat,[47] die ihren Höhepunkt beim Leiden und Sterben am Karfreitag erreichen sollte, so wird sich doch dieser Kummer seinerseits „in Freude verwandeln".[48] Das erlösende „Fortgehen" Christi wird ja auch die Herrlichkeit der Auferstehung und der Auffahrt zum Vater umfassen. Der Anteil der Apostel beim „Fortgehen" ihres Meisters ist also eine Traurigkeit, die von Freude durchstrahlt wird; es ist ein „gutes" Fortgehen, weil dadurch ein anderer „Beistand" kommen sollte.[49] Um den Preis des Kreuzes, des Werkzeuges der Erlösung, und in der Kraft des gesamten Ostergeheimnisses Jesu Christi kommt der Heilige Geist, um *vom Pfingsttag an* bei den Aposteln zu bleiben, um bei der Kirche und in der Kirche und durch sie in der Welt zu bleiben.

Auf diese Weise *verwirklicht sich endgültig jener neue Anfang* der Selbstmitteilung des dreieinigen Gottes im Heiligen Geist durch Jesus Christus, den Erlöser des Menschen und der Welt.

4. Der Messias,
mit dem Heiligen Geist gesalbt

15.   Es verwirklicht sich auch vollständig die Sendung des Messias, dessen also, der die Fülle des Heiligen Geistes für das erwählte Volk Gottes und für die ganze Menschheit empfangen hat. Wörtlich bedeutet „Messias" „Christus"; das heißt „Gesalbter", und in der Heilsgeschichte bezeichnet es „den mit dem Heiligen Geist Gesalbten". Das war die prophetische Tradition des Alten Testamentes. Als ihr Schüler wird Simon Petrus im Hause des Kornelius sagen: „Ihr wißt, was im ganzen Land der Juden geschehen ist ... nach der Taufe, die Johannes verkündet hat: *wie Gott Jesus von Nazaret gesalbt hat mit dem Heiligen Geist und mit Kraft".* [50]

Von diesen Worten des Petrus und von vielen anderen ähnlichen Stellen [51] muß man vor allem auf die Verheißung des Jesaja zurückgehen, die mitunter „das fünfte Evangelium" oder auch „das Evangelium des Alten Testamentes" genannt wird. Als Jesaja das Kommen einer geheimnisvollen Figur ankündigt, die die neutestamentliche Offenbarung mit Jesus identifizieren wird, verbindet er deren Person und Sendung mit einem besonderen Handeln des Geistes Gottes, des Geistes des Herrn. So lauten die Worte des Propheten:

„Aus dem Baumstumpf Isais wächst ein Zweig hervor, ein junger Trieb aus seinen Wurzeln bringt Frucht.

Und *der Geist des Herrn läßt sich nieder auf ihm:* der Geist der Weisheit und der Einsicht, der Geist des Rates und der Stärke, der Geist der Erkenntnis und der Gottesfurcht. Mit dem Geist der Gottesfurcht erfüllt er ihn". [52]

Dieser Text ist wichtig für die gesamte Geistlehre des Alten Testamentes, weil er gleichsam eine Brücke bildet zwischen dem alten biblischen Begriff des „Geistes", verstanden vor allem als „geisterfüllter Hauch", und dem *„Geist" als Person und Gabe, als Gabe für die Person.* Der Messias aus dem Stamm Davids („aus dem Baumstumpf Isais") ist genau jene Person, auf der sich der Geist des Herrn „niederläßt". Gewiß kann man an dieser Stelle noch nicht von der Offenbarung des „Beistandes" sprechen: Jedenfalls aber öffnet sich mit diesem verhüllten Hinweis auf die Figur des künftigen Messias der Weg, auf dem sich die volle Offenbarung des Heiligen Geistes in der Einheit des dreifaltigen Geheimnisses, wie sie schließlich im Neuen Bund offenkundig werden wird, vorbereitet.

16. Des Messias selbst ist dieser Weg. Im Alten Bund war die Salbung das äußere Symbol der Geistgabe geworden. Der Messias (mehr als jede andere gesalbte Person im Alten Bund) ist jener einzige große *von Gott selbst Gesalbte.* Er ist der Gesalbte im Sinne des vollen Besitzes des Gottesgeistes. Er selbst wird auch der Mittler sein, um diesen Geist dem ganzen Volk zu verleihen. Hierzu weitere Worte des Propheten:

„Der Geist Gottes, des Herrn, ruht auf mir, *denn der Herr hat mich gesalbt.* Er hat mich gesandt, damit ich den Armen eine gute Nachricht bringe

und alle heile, deren Herz bedrückt ist, damit ich die Entlassung der Gefangenen verkünde
und die Befreiung der Gefesselten, damit ich ein Jahr der göttlichen Gnade verkünde". [53]

Der Gesalbte ist auch *zusammen mit dem Geist des Herrn gesandt*: „Jetzt hat Gott der Herr mich und seinen Geist gesandt".[54]

Nach dem Buch Jesaja ist der Gesalbte und der zusammen mit dem Geist des Herrn Gesandte auch der erwählte *Knecht des Herrn*, auf dem der Geist Gottes ruht:

„Seht, das ist mein Knecht, ich halte ihn an der Hand; das ist *mein Erwählter, an ihm finde ich Gefallen,* ich habe meinen Geist in ihn gelegt".[55]

Bekanntlich wird der Knecht des Herrn im Buch Jesaja als der wahre Schmerzensmann offenbart: als der *Messias, der leidet* für die Sünden der Welt.[56] Und dabei ist gerade er es, dessen Sendung *der ganzen Menschheit wahre Heilsfrüchte* bringen wird:

„Er wird den Völkern das Recht bringen";[57] er wird „zum Bund des Volkes und zum Licht der Völker" werden,[58] „auf daß er mein Heil bis ans Ende der Erde trage".[59]

Denn:
„Mein Geist, der auf dir ruht, soll nicht von dir weichen, und meine Worte, die ich dir in den Mund gelegt habe, sollen immer in deinem Mund sein und im Mund deiner Kinder und im Mund deiner Enkel, jetzt und in Ewigkeit – spricht der Herr".[60]

Die hier angeführten prophetischen Texte müssen *im Licht des Evangeliums* gelesen werden – wie auch das

Neue Testament seinerseits durch das wundervolle Licht dieser alttestamentlichen Texte in besonderer Weise erhellt wird. Der Prophet stellt den Messias als denjenigen dar, der *in der Kraft des Heiligen Geistes* kommt, der *die Fülle dieses Geistes in sich selbst und zugleich für die anderen* besitzt, für Israel, für alle Völker, für die ganze Menschheit. Die Fülle des Geistes Gottes wird von vielfältigen Gaben begleitet, den Heilsgütern, die insbesondere für die Armen und Leidenden bestimmt sind, für alle, die ihr Herz diesen Gaben öffnen – manchmal durch schmerzvolle Erfahrungen ihres Lebens, aber vor allem mit jener inneren Bereitschaft, die aus dem Glauben kommt. Das erkannte spontan der greise Simeon, „ein gerechter und frommer Mann", auf dem „der Heilige Geist ruhte", im Augenblick der Darstellung Jesu im Tempel, als er in ihm „das Heil" erblickte, „das … vor allen Völkern bereitet" ist um den Preis des großen Leidens – des Kreuzes –, das er zusammen mit seiner Mutter werde auf sich nehmen müssen.[61] Das erkannte noch tiefer die Jungfrau Maria, die „durch den Heiligen Geist empfangen" hatte,[62] als sie in ihrem Herzen über die „Geheimnisse" des Messias nachdachte, an dessen Seite sie gestellt war.[63]

17.   Man muß an dieser Stelle betonen, daß „der Geist des Herrn", der auf dem kommenden Messias „ruhen" wird, deutlich *ein Geschenk Gottes für die Person* jenes Knechtes des Herrn darstellt. Er selbst aber ist keine eigene, für sich allein stehende Person; denn er wirkt auf Geheiß des Herrn, kraft dessen Entscheidung und Wahl. Auch wenn das Heilshandeln des Messias, des Knechtes des Herrn, im Licht der Texte des Jesaja das Wirken des Geistes einschließt, das durch ihn selbst geschieht, so wird doch im alttestamentlichen Kontext noch keine

Unterscheidung der handelnden Subjekte oder der göttlichen Personen nahegelegt, wie sie im dreifaltigen Geheimnis existieren und später im Neuen Testament offenbart werden. Bei Jesaja wie im ganzen Alten Testament bleibt der *Personcharakter des Heiligen Geistes* völlig *verborgen:* verborgen in der Offenbarung des einen Gottes wie auch in der Verheißung des kommenden Messias.

18. *Jesus Christus wird sich* am Beginn seines messianischen Wirkens *auf diese bei Jesaja enthaltene Verheißung beziehen.* Das wird in Nazaret selbst geschehen, wo er dreißig Jahre seines Lebens im Hause Josefs, des Zimmermanns, bei Maria, seiner jungfräulichen Mutter, verbracht hat. Als er die Gelegenheit hatte, in der Synagoge das Wort zu ergreifen, öffnete er das Buch des Jesaja und fand die Stelle, in der geschrieben steht: „Der Geist des Herrn ruht auf mir; denn der Herr hat mich gesalbt", und nachdem er den betreffenden Abschnitt vorgelesen hatte, sprach er zu den Anwesenden:

„*Heute hat sich das Schriftwort,* das ihr eben gehört habt, *erfüllt*".[64]

Auf diese Weise bekannte und verkündete er, derjenige zu sein, der vom Vater „gesalbt" ist, also der Messias zu sein, derjenige, auf dem der Heilige Geist als Geschenk Gottes selbst ruht, derjenige, der die Fülle dieses Geistes besitzt und an dem sich der „neue Anfang" des Geschenkes zeigt, das Gott der Menschheit im Heiligen Geist macht.

5. Jesus von Nazaret, „erhöht" im Heiligen Geist

19. Auch wenn Jesus in seiner Heimatstadt Nazaret nicht als Messias angenommen wird, so wird doch am Beginn des öffentlichen Wirkens seine messianische Sendung im Heiligen Geist *von Johannes dem Täufer dem Volk offenbart.* Johannes, Sohn von Zacharias und Elisabet, verkündet am Jordan die Ankunft des Messias und spendet die Bußtaufe. Er sagt: „Ich taufe euch nur mit Wasser zum Zeichen der Umkehr. Der aber, der nach mir kommt, ist stärker als ich, und ich bin es nicht wert, ihm die Schuhe auszuziehen. *Er wird euch mit dem Heiligen Geist und mit Feuer taufen".*[65]

Johannes der Täufer verkündet den Messias, den Christus, nicht nur als denjenigen, der im Heiligen Geist „kommt", sondern auch als den, der den Heiligen Geist „bringt", wie Jesus selbst es im Abendmahlssaal deutlicher offenbaren wird. Johannes ist hier das treue Echo der Worte des Jesaja, die bei diesem Propheten des Alten Testamentes die Zukunft betrafen, während sie in seiner eigenen Verkündigung an den Ufern des Jordan die unmittelbare Hinführung zur neuen messianischen Wirklichkeit bilden. Johannes ist nicht nur ein Prophet, sondern auch ein Bote: Er ist der Vorläufer Christi. Was er verheißt, verwirklicht sich vor den Augen aller. Jesus von Nazaret kommt zum Jordan, um auch selbst die Bußtaufe zu empfangen. Als Johannes ihn herankommen sieht, ruft er aus: „Seht, das Lamm Gottes, das die Sünde der Welt hinwegnimmt."[66] Das sagt er unter der Eingebung des Heiligen Geistes[67] und *bezeugt damit die Erfüllung der Weissagung des Jesaja.* Gleichzeitig bekennt er seinen Glauben an die erlösende Sendung Jesu von Nazaret. Im Munde des Täufers Johannes ist „Lamm Gottes" ein Ausdruck der Wahrheit über den Erlöser,

29

der nicht weniger reich an Inhalt ist als der von Jesaja benutzte Ausdruck „Knecht des Herrn".

Durch das Zeugnis des Johannes am Jordan wird also Jesus von Nazaret, den die eigenen Mitbürger zurückgewiesen hatten, *vor den Augen Israels als Messias hervorgehoben,* als der vom Heiligen Geist „Gesalbte". Und dieses Zeugnis wird noch bestärkt durch ein anderes Zeugnis einer höheren Ebene, wie die drei Synoptiker berichten. Denn als alles Volk sich taufen ließ und während Jesus nach seiner Taufe im Gebet verharrte, „öffnete sich der Himmel, und der Heilige Geist kam sichtbar in Gestalt einer Taube auf ihn herab",[68] und zugleich „sprach eine Stimme aus dem Himmel: Das ist mein geliebter Sohn, an dem ich Gefallen gefunden habe".[69]

Dies ist eine *trinitarische Gotteserscheinung,* die Zeugnis gibt für die Hervorhebung Christi bei der Taufe am Jordan. Sie bestätigt nicht nur das Zeugnis Johannes' des Täufers, sondern enthüllt eine noch tiefere Dimension der Wahrheit über Jesus von Nazaret als Messias: *Der Messias ist der geliebte Sohn des Vaters.* Seine feierliche Hervorhebung beschränkt sich nicht auf die messianische Sendung des „Knechtes des Herrn". Im Licht der Gotteserscheinung am Jordan erreicht diese Hervorhebung sogar die Person des Messias selbst. Er wird hervorgehoben, weil er der Sohn des göttlichen Wohlgefallens ist. Die Stimme von oben nennt ihn „mein Sohn".

20. Die Gotteserscheinung vom Jordan erhellt nur flüchtig das Geheimnis Jesu von Nazaret, dessen gesamtes Wirken sich in Gegenwart des Heiligen Geistes vollziehen wird.[70] Dieses Geheimnis sollte von Jesus selbst durch das, was er „getan und gelehrt hat"[71] Schritt für Schritt enthüllt und bestätigt werden. Auf der Linie die-

ser Verkündigung sowie der messianischen Zeichen, die Jesus vollbrachte, bevor es zur Abschiedsrede im Abendmahlssaal kam, finden wir Ereignisse und Worte, die besonders wichtige Momente in dieser fortschreitenden Offenbarung bilden. Der Evangelist Lukas, der Jesus bereits vorgestellt hat als „erfüllt vom Heiligen Geist" und „vom Geist in die Wüste geführt",[72] berichtet uns, daß Jesus nach der Rückkehr der 72 Jünger von der ihnen vom Meister aufgetragenen Sendung,[73] während diese ihm voller Freude von den Ergebnissen ihres Wirkens erzählten, „in dieser Stunde, *vom Heiligen Geist erfüllt,* jubelnd ausgerufen hat: Ich preise dich, Vater, Herr des Himmels und der Erde, weil du all das den Weisen und Klugen verborgen, den Unmündigen aber offenbart hast. Ja, Vater, so hat es dir gefallen".[74] Jesus jubelt aus Freude über die göttliche Vaterschaft; er jubelt, weil es ihm geschenkt ist, diese Vaterschaft zu offenbaren; er jubelt schließlich, weil sich diese göttliche Vaterschaft in besonderer Weise auf die „Unmündigen" erstreckt. Und der Evangelist nennt all dies „Jubel im Heiligen Geist".

Ein solcher Jubel drängt Jesus gewissermaßen dazu, uns noch mehr zu sagen. Hören wir: „Mir ist von meinem *Vater* alles übergeben worden; niemand weiß, wer der Sohn ist, nur der Vater, und niemand weiß, wer der Vater ist, nur der *Sohn* und der, dem es der Sohn offenbaren will".[75]

21.   Was bei der Gotteserscheinung am Jordan sozusagen „von außen", „von oben" kam, kommt hier „aus dem Innern", *aus der Tiefe dessen, was Jesus ist.* Es ist dies eine weitere Offenbarung des Vaters und des Sohnes, die geeint sind im Heiligen Geist. Jesus spricht nur von der Vaterschaft Gottes und der eigenen Sohnschaft;

er spricht nicht direkt vom Geist, der Liebe ist und
darum Vater und Sohn verbindet. *Was er jedoch vom Vater und von sich selbst, dem Sohn, sagt, entspringt nichts-
destoweniger aus jener Fülle des Geistes,* die in ihm ist,
die sich in sein Herz ergießt, sein „Ich" selbst durchdringt und sein Wirken von innen her anregt und belebt. Von daher jener „Jubel im Heiligen Geist". Die
Einheit Christi mit dem Heiligen Geist, der er sich vollkommen bewußt ist, drückt sich in jenem „Jubel" aus,
der so deren verborgene Quelle gewissermaßen wahr-
nehmen läßt. So ergibt sich eine besondere Offenbarung
und Hervorhebung, wie sie dem Menschensohn, dem
Christus und Messias, zu eigen ist, dessen Menschheit
zur Person des Gottessohnes gehört, der mit dem Heiligen Geist in der Gottheit wesenhaft eins ist.

In seinem wundervollen Bekenntnis der Vaterschaft
Gottes offenbart Jesus von Nazaret auch sich selbst, sein
göttliches „Ich": Er ist fürwahr der Sohn *„gleichen Wesens",* und darum „weiß niemand, wer der Sohn ist, nur
der Vater, und niemand weiß, wer der Vater ist, nur der
Sohn"; jener Sohn ist er, der „für uns Menschen und zu
unserem Heil ... Mensch geworden ist ... *durch den Heiligen Geist* ... von der Jungfrau Maria".

6. Der auferstandene Christus:
„Empfangt den Heiligen Geist"

22. Durch seine Darstellung führt uns Lukas ganz in
die Nähe jener Wahrheit, die in der Abschiedsrede des
Abendmahlssaals enthalten ist. Jesus von Nazaret, „erhöht" im Heiligen Geist, zeigt sich während dieser Rede
und dieses Gesprächs als *derjenige, der den Geist*
„bringt", der ihn um den Preis seines „Fortgehens" durch

das Kreuz den Aposteln und der Kirche bringen und „geben" muß.

Das Wort „bringen" bedeutet hier vor allem *„offenbaren".* Im Alten Testament, angefangen vom Buch der Genesis, ist uns der Geist Gottes in etwa bekannt geworden zunächst als *„Hauch"* Gottes, der das Leben gibt, als göttlicher „Lebenshauch". Im Buch Jesaja wird er dargestellt als *„Gabe"* für die Person des Messias, als derjenige, der auf ihm ruht, um das gesamte Heilswirken des „Gesalbten" von innen her zu lenken. Am Jordan hat die Verheißung des Jesaja eine konkrete Form angenommen: Jesus von Nazaret ist derjenige, *der im Heiligen Geist kommt* und diesen als seine Gabe *in eigener Person* bringt, um ihn durch seine Menschheit zu verbreiten: „Er wird euch im Heiligen Geist taufen".[76] Im Lukasevangelium ist diese Offenbarung des Heiligen Geistes als *innere Quelle* des messianischen Lebens und Wirkens Jesu Christi bekräftigt und weiter entfaltet worden.

Im Licht dessen, was Jesus in der Abschiedsrede des Abendmahlssaals sagt, wird der Heilige Geist in neuer und vollerer Weise offenbart. Er ist *nicht nur eine Gabe für eine Person* (für die Person des Messias), sondern ist *als Gabe selbst eine Person.* Jesus kündigt ihr Kommen an als das eines „anderen Beistandes", der als Geist der Wahrheit die Apostel und die Kirche „in die ganze Wahrheit führen" wird.[77] Das wird geschehen aufgrund der besonderen Gemeinschaft zwischen dem Heiligen Geist und Christus: „Er wird von dem, was mein ist, nehmen und es euch verkünden.[78] Diese Gemeinschaft hat ihre *ursprüngliche Quelle* im Vater: „Alles, was der Vater hat, ist mein; darum habe ich gesagt: Er nimmt von dem, was mein ist, und wird es euch verkünden".[79] Weil der Heilige Geist vom Vater stammt, wird er vom Vater gesandt.[80] Der Heilige Geist wurde *zunächst* gesandt *als*

Gabe für den menschgewordenen Sohn, um die messianischen Verheißungen zu erfüllen. Nach dem „Fortgehen"
Christi, des Sohnes, wird der Heilige Geist dem johanneischen Text zufolge *direkt kommen* – das ist seine
neue Sendung –, um das Werk des Sohnes zu vervoll-
ständigen. So wird er es sein, der die neue Ära der Heilsgeschichte zur Vollendung bringt.

23.   Wir stehen an der Schwelle zu den Osterereignis-
sen. Die neue, endgültige Offenbarung des Heiligen Geistes als Person, die ganze Gabe ist, geschieht gerade dann.
Die *Osterereignisse* – Leiden, Tod und Auferstehung
Christi – sind auch die *Zeit des erneuten Kommens* des
Heiligen Geistes, nun als Beistand und Geist der Wahrheit. Sie sind die Zeit des „neuen Anfangs" in der Selbstmitteilung des dreieinigen Gottes an die Menschheit im
Heiligen Geist durch das Werk Christi, des Erlösers. Dieser neue Anfang ist die Erlösung der Welt: „Denn Gott
hat die Welt so sehr geliebt, daß er seinen einzigen Sohn
hingab".[81] Bereits im „Geben" des Sohnes, *im Geschenk
des Sohnes,* zeigt sich das tiefste Wesen Gottes, der ja als
göttliche Liebe die unerschöpfliche Quelle des Schenkens ist. *Im Geschenk, das der Sohn gibt,* vervollständi-
gen sich die Offenbarung und das Schenken der ewigen
Liebe: Der Heilige Geist, der in den unergründlichen
Tiefen der Gottheit Geschenk als Person ist, wird durch
den Sohn, das heißt durch das Ostergeheimnis, in einer
neuen Weise den Aposteln und der Kirche und durch
diese der Menschheit und der ganzen Welt geschenkt.

24.   Seinen endgültigen Ausdruck erhält dieses Ge-
heimnis am *Tag der Auferstehung.* An diesem Tag wird
Jesus von Nazaret, „der dem Fleisch nach geboren ist als
Nachkomme Davids", wie der Apostel Paulus schreibt,

„dem Geist der Heiligkeit nach eingesetzt . . . als Sohn Gottes in Macht seit der Auferstehung von den Toten".[82] So kann man sagen, daß die „Erhöhung" Christi als Messias im Heiligen Geist ihren Höhepunkt in der Auferstehung erreicht, in der er sich als *Sohn Gottes* offenbart, „voll der Kraft". Und diese Kraft, deren Quellen in der unergründlichen dreifaltigen Gemeinschaft sprudeln, zeigt sich vor allem darin, daß der auferstandene Christus sowohl die schon durch den Mund des Propheten ausgesprochene Verheißung Gottes: „Ich schenke euch ein neues Herz und gebe euch einen neuen Geist . . ., meinen Geist",[83] als auch seine eigene, den Aposteln gemachte Verheißung: „Wenn ich fortgegangen bin, so werde ich ihn zu euch senden",[84] erfüllt. Es ist der Geist der Wahrheit, der Beistand, den der auferstandene Christus sendet, um uns in seine eigene Gestalt des Auferstandenen zu verwandeln.[85]

So heißt es im Evangelium: „Am Abend dieses ersten Tages der Woche, als die Jünger aus Furcht vor den Juden die Türen verschlossen hatten, kam Jesus, trat in ihre Mitte und sagte zu ihnen: Friede sei mit euch! Nach diesen Worten zeigte er ihnen seine Hände und seine Seite. Da freuten sich die Jünger, daß sie den Herrn sahen. Jesus sagte noch einmal zu ihnen: Friede sei mit euch! Wie mich der Vater gesandt hat, so sende ich euch. Nachdem er das gesagt hatte, hauchte er sie an und sprach zu ihnen: *Empfangt den Heiligen Geist!*".[86]

Alle Einzelheiten dieses Schlüsseltextes des Johannesevangeliums haben ihre Aussagekraft, vor allem wenn wir sie im Bezug auf die Worte lesen, die am Beginn der Osterereignisse im selben Abendmahlssaal gesprochen worden sind. Nunmehr gelangen alle Ereignisse – das *Triduum sacrum*, die drei heiligen Tage Jesu, den der Vater gesalbt und in diese Welt gesandt hat – zu ihrer Erfüllung. Christus, der am Kreuz „seinen Geist aufgegeben hatte"[87] als Menschensohn und Lamm Gottes, geht gleich nach der Auferstehung zu den Aposteln, um sie mit jener Kraft *„anzuhauchen"*, von der der Römerbrief spricht.[88] Das Kommen des Herrn erfüllt die Anwesenden mit Freude: Ihr „Kummer wird sich in Freude verwandeln",[89] wie er selbst vor seinem Leiden schon versprochen hatte. Und vor allem verwirklicht sich die hauptsächliche Verheißung der Abschiedsrede: Der auferstandene Christus *„bringt" den Aposteln,* indem er gleichsam eine neue Schöpfung einleitet, *den Heiligen Geist.* Er bringt ihn um den Preis seines „Fortgehens": Er schenkt ihnen diesen Geist gewissermaßen durch die Wunden seiner Kreuzigung: „Er zeigte ihnen seine Hände und seine Seite". Kraft dieser Kreuzigung kann er ihnen sagen: „Empfangt den Heiligen Geist".

Es bildet sich so *ein enges Band zwischen dem Senden des Sohnes und dem Senden des Heiligen Geistes.* Es gibt keine Sendung des Heiligen Geistes (nach der Ursünde) ohne das Kreuz und die Auferstehung: „Wenn ich nicht fortgehe, wird der Beistand nicht zu euch kommen".[90] Es bildet sich auch *ein enges Band zwischen der Sendung des Heiligen Geistes und der Sendung des Sohnes innerhalb der Erlösung.* Die Sendung des Sohnes findet in gewissem Sinne ihre „Vollendung" in der Erlösung. Die Sendung des Heiligen Geistes „schöpft" aus der Erlösung. „Er nimmt von dem, was mein ist, und wird es euch verkünden".[91] Die Erlösung wird *vollständig gewirkt* vom Sohn als dem Gesalbten, der in der Kraft des Heiligen Geistes gekommen ist und gehandelt hat, indem er sich schließlich am Holz des Kreuzes als Ganzopfer hingegeben hat. Aber zugleich wird diese Erlösung im Herzen und Gewissen der Menschen – in der Geschichte der Welt – vom Heiligen Geist, dem „anderen Beistand", *ständig gewirkt.*

7. Der Heilige Geist und die Zeit der Kirche

25. „Als das Werk vollendet war, das der Vater dem Sohn auf Erden zu tun aufgetragen hatte (vgl. *Joh* 17, 4), *wurde am Pfingsttag der Heilige Geist gesandt; auf daß er die Kirche immerfort heilige* und die Gläubigen so durch Christus in einem Geiste Zugang hätten zum Vater (vgl. *Eph* 2, 18). Er ist der Geist des Lebens, die Quelle des Wassers, das zu ewigem Leben aufsprudelt (vgl. *Joh* 4, 14; 7, 38–39); durch ihn macht der Vater die in der Sünde erstorbenen Menschen lebendig, um endlich ihre sterblichen Leiber in Christus aufzuerwecken (vgl. *Röm* 8, 10–11)".[92]

In dieser Weise spricht das II. Vatikanische Konzil von der *Geburt der Kirche am Pfingsttag.* Dieses Ereignis bildet die endgültige Offenbarung dessen, was schon am Ostersonntag im selben Abendmahlssaal geschehen war. Der auferstandene Christus kam und „brachte" den Aposteln den Heiligen Geist. Er schenkt ihn mit den Worten: „Empfangt den Heiligen Geist". Was *damals im Innern des Abendmahlssaals,* bei „verschlossenen Türen", geschehen war, wird später, am Pfingsttag, auch nach draußen getragen, vor die Menschen. Es öffnen sich die Türen des Saales, und die Apostel wenden sich den Einwohnern und den zum Fest anwesenden Pilgern in Jerusalem zu, um in der Kraft des Heiligen Geistes für Christus Zeugnis abzulegen. Auf diese Weise erfüllt sich die Verheißung: „*Er* (der Geist) wird für mich Zeugnis ablegen. Und *auch ihr* sollt Zeugnis ablegen, weil ihr von Anfang an bei mir seid".[93]

In einem anderen Dokument des II. Vatikanischen Konzils lesen wir: „Ohne Zweifel wirkte der Heilige Geist schon in der Welt, ehe Christus verherrlicht wurde. Am Pfingsttag jedoch ist er auf die Jünger herabgekommen, um auf immer bei ihnen zu bleiben. Die Kirche wurde vor der Menge öffentlich bekanntgemacht, und die Ausbreitung des Evangeliums unter den Heiden durch die Verkündigung nahm ihren Anfang".[94]

Die *Zeit der Kirche* hat begonnen mit dem „Kommen", das heißt mit der Herabkunft des Heiligen Geistes auf die Apostel, die im Abendmahlssaal von Jerusalem mit Maria, der Mutter des Herrn, versammelt waren.[95] Die Zeit der Kirche hat in jenem Augenblick begonnen, als *die Verheißungen und Ankündigungen,* die sich so ausdrücklich auf den Beistand, auf den Geist der Wahrheit, bezogen, anfingen, sich in aller Macht und Deutlichkeit an den Aposteln zu erfüllen und so die Geburt der Kirche zu bewirken. Hiervon spricht ausführlich und an vielen Stellen die Apostelgeschichte, aus der sich ergibt, daß *der Heilige Geist* im Bewußtsein der Urgemeinde, deren Überzeugungen Lukas wiedergibt, *die unsichtbare* – in gewisser Weise aber auch „wahrnehmbare" – *Führung derer übernommen hat,* die sich nach dem Fortgang des Herrn Jesus zutiefst als Waisen zurückgelassen fühlten. Mit dem Kommen des Geistes sahen sie sich nun in die Lage versetzt, die ihnen anvertraute Sendung zu erfüllen. Sie fühlten sich voller Kraft. Ebendies hat der Heilige Geist bewirkt, und das bewirkt er in der Kirche ständig in ihren Nachfolgern. Das Gnadengeschenk des Heiligen Geistes, das die Apostel durch die Auflegung der Hände an ihre Mitarbeiter weitergaben, wird ja in der Bischofsweihe immer wieder übertragen. Die Bischöfe ihrerseits geben im Weihesakrament den Geistlichen Anteil an dieser Gnadengabe und sorgen dafür, daß im Firmsakrament alle, die wiedergeboren sind aus dem Wasser und dem Geist, darin bestärkt werden. So bleibt die Pfingstgnade in gewisser Weise immer in der Kirche gegenwärtig.

Wie das Konzil schreibt, „*wohnt der Geist in der Kirche* und in den Herzen der Gläubigen wie in einem Tempel (vgl. *1 Kor* 3, 16; 6, 19), in ihnen betet er und bezeugt ihre Annahme an Sohnes statt (vgl. *Gal* 4, 6; *Röm* 8, 15–16 u. 26). *Er führt die Kirche in alle Wahrheit ein* (vgl. *Joh* 16, 13), *eint* sie in Gemeinschaft und Dienstleistung, *bereitet* und *lenkt* sie durch die verschiedenen hierarchischen und charismatischen Gaben und *schmückt* sie mit seinen Früchten (vgl. *Eph* 4, 11–12; *1 Kor* 12, 4; *Gal* 5, 22). Durch die Kraft des Evangeliums *läßt er die Kirche allezeit sich verjüngen, erneuert* sie immerfort und *geleitet* sie zur vollkommenen Vereinigung mit ihrem Bräutigam".[96]

26. Die zitierten Stellen aus der Konzilskonstitution *Lumen gentium* sagen uns, daß mit dem Kommen des Heiligen Geistes die Zeit der Kirche begonnen hat. Sie sagen uns auch, daß diese Zeit, *die Zeit der Kirche, fortdauert.* Sie dauert fort *über die Jahrhunderte und Generationen hinweg.* In unserem Jahrhundert, in dem sich die Menschheit bereits dem Ende des zweiten Jahrtausends nach Christus nähert, hat sich diese Zeit der Kirche einen besonderen Ausdruck im *II. Vatikanischen Konzil* gegeben, als dem Konzil unseres Jahrhunderts. Es ist ja bekannt, daß dies vor allem ein „ekklesiologisches" Konzil gewesen ist: *ein Konzil über das Thema der Kirche.* Zugleich ist die Lehre dieses Konzils wesentlich „pneumatologisch": *durchdrungen von der Wahrheit über den Heiligen Geist* als Seele der Kirche. Wir können sagen, daß das II. Vatikanische Konzil in seiner reichhaltigen Lehre gewiß alles enthält, „was der Geist den Kirchen sagt"[97] im Hinblick auf die gegenwärtige Phase der Heilsgeschichte.

Indem das Konzil der Führung des Geistes der Wahrheit gefolgt ist und zusammen mit ihm Zeugnis abgelegt hat, hat es die *Gegenwart des Heiligen Geistes, des Beistandes,* in besonderer Weise bestätigt. In gewissem Sinne hat es diesen in unserer schwierigen Epoche erneut „gegenwärtig" gesetzt. Im Licht dieser Überzeugung versteht man besser die große Bedeutung aller Initiativen, welche die Verwirklichung des II. Vatikanischen Konzils, seiner Lehre und seiner pastoralen wie ökumenischen Ausrichtung, zum Ziel haben. In diesem Sinne müssen auch die nachfolgenden *Versammlungen der Bischofssynode* gesehen und gewertet werden, die bewirken wollen, daß die Früchte der Wahrheit und der Liebe – die echten Früchte des Heiligen Geistes – ein bleibendes Gut des Volkes Gottes auf seiner irdischen Pilgerschaft durch die Jahrhunderte werden. Diese Arbeit der Kirche ist unerläßlich, um die vom Konzil geschenkten Heilsfrüchte des Geistes zu sichten und zu bestärken. Zu diesem Zweck muß man sie aufmerksam von allem zu „unterscheiden" wissen, was im Gegensatz dazu vor allem vom „Herrscher dieser Welt"[98] stammen kann. Diese Unterscheidung bei der Verwirklichung des Konzilswerkes ist um so notwendiger, als das Konzil sich *der heutigen Welt so geöffnet* hat, wie aus den wichtigen Konzilskonstitutionen *Gaudium et spes* und *Lumen gentium* klar ersichtlich ist.

Wir lesen in der Pastoralkonstitution: „Ist doch ihre eigene Gemeinschaft (der Jünger Christi) aus Menschen gebildet, die, in Christus geeint, vom Heiligen Geist auf ihrer Pilgerschaft zum Reich des Vaters geleitet werden und eine Heilsbotschaft empfangen haben, die allen auszurichten ist. Darum erfährt *diese Gemeinschaft sich mit der Menschheit und ihrer Geschichte wirklich engstens verbunden*".[99] „Die Kirche weiß sehr wohl, daß Gott, dem sie dient, allein die Antwort ist auf das tiefste

Sehnen des menschlichen Herzens, das an den Gaben der Erde nie voll sich sättigen kann".[100] Die „wunderbare Vorsehung (des Geistes Gottes) leitet den Lauf der Zeiten und erneuert das Antlitz der Erde".[101]

Zweiter Teil

Der Geist,
der die Welt ihrer Sünde überführt

1. Sünde, Gerechtigkeit und Gericht

27. Als Jesus während der Abschiedsrede im Abendmahlssaal das Kommen des Heiligen Geistes um den „Preis" seines Fortgehens ankündigt und verspricht: „Wenn ich fortgehe, werde ich ihn zu euch senden", fügt er im gleichen Zusammenhang hinzu: „Und wenn er kommt, *wird er die Welt überführen (und aufdecken), was Sünde, Gerechtigkeit und Gericht ist*".[102] Derselbe Beistand und Geist der Wahrheit, der versprochen ist als derjenige, der „lehren" und „erinnern", der „Zeugnis ablegen" und „in die ganze Wahrheit einführen wird", wird mit den soeben zitierten Worten angekündigt als jener, der „die Welt überführen (und aufdecken) wird, was Sünde, Gerechtigkeit und Gericht ist".

Bedeutungsvoll erscheint auch der *Kontext.* Jesus verbindet diese Ankündigung des Heiligen Geistes mit den Worten, die auf sein „Fortgehen" durch das Kreuz hinweisen, und unterstreicht sogar dessen Notwendigkeit: „Es ist gut für euch, daß ich fortgehe. Denn wenn ich nicht fortgehe, wird der Beistand nicht zu euch kommen".[103]

Noch wichtiger aber ist die *Erklärung,* die *Jesus selbst* zu diesen drei Worten – Sünde, Gerechtigkeit, Gericht – hinzufügt. Denn er sagt: „Er wird die Welt überführen (und aufdecken), was Sünde, Gerechtigkeit und Gericht ist; Sünde, daß sie nicht an mich glauben; Gerechtigkeit, daß ich zum Vater gehe und ihr mich nicht mehr seht; Gericht, daß der Herrscher dieser Welt gerichtet ist".[104] Sünde, Gerechtigkeit und Gericht haben im Denken Jesu *einen sehr bestimmten Sinn,* der sich von dem unterscheidet, den einer vielleicht diesen Worten geben möchte, unabhängig von der Erklärung dessen, der hier spricht. Diese Erklärung weist auch darauf hin, wie jenes „die Welt überführen" verstanden werden soll, welches der Heilige Geist bewirkt. Hier ist sowohl die Bedeutung der einzelnen Worte wie auch die Tatsache wichtig, daß Jesus sie miteinander im selben Satz verbunden hat.

„*Sünde*" bezeichnet an dieser Stelle den Unglauben, den Jesus inmitten der „Seinen" angetroffen hat, angefangen von seinen Mitbürgern in Nazaret. Sie bedeutet die Ablehnung seiner Sendung, die die Menschen dazu führt, ihn zum Tod zu verurteilen. Wenn Jesus anschließend von „*Gerechtigkeit*"spricht, scheint er jene endgültige Gerechtigkeit vor Augen zu haben, die der Vater ihm zuteil werden läßt, wenn er ihn mit der Herrlichkeit der Auferstehung und der Himmelfahrt bekleidet: „Ich gehe zum Vater". Im Zusammenhang der so verstandenen „Sünde" und „Gerechtigkeit" bedeutet „*Gericht*"sodann, daß der Geist der Wahrheit die Schuld der „Welt" an der Verurteilung Jesu zum Tod am Kreuz aufzeigen wird. Doch ist Christus nicht nur in die Welt gekommen, um sie zu richten und zu verurteilen: *Er ist gekommen, um sie zu retten.*[105] Die Welt der Sünde und der Gerechtigkeit zu überführen, hat ihre Rettung zum Ziel, das Heil der Menschen. Genau diese Wahrheit scheint durch die Feststellung betont zu werden, daß das „*Gericht*" nur den „*Herrscher dieser Welt*", das heißt Satan, betrifft, der von Anfang an das Werk der Schöpfung gegen das Heil, gegen den Bund und die Einheit des Menschen mit Gott mißbraucht: Er ist von Anfang an „schon gerichtet". Wenn der Geist, der Beistand, die Welt gerade dem Gericht überführen soll, so geschieht dies, um das Heilswerk Christi fortzusetzen.

28. Wir wollen hier unsere Aufmerksamkeit hauptsächlich auf diese Sendung des Heiligen Geistes richten, die die „Welt der Sünde überführen" soll, dabei aber zugleich auf den allgemeinen Kontext der Worte Jesu beim Abendmahl achten. Der Heilige Geist, der vom Sohn das Werk der Erlösung der Welt übernimmt, übernimmt eben damit die Aufgabe, „der Sünde zu überführen", um zu heilen. Dieses Überführen steht *in ständiger Beziehung zur „Gerechtigkeit"*, das heißt zum endgültigen Heil in Gott, zur Vollendung der Heilsökonomie, deren Mitte der gekreuzigte und verherrlichte Christus ist. Diese *Heilsökonomie Gottes* entzieht den Menschen gewissermaßen dem *„Gericht", der Verdammung,* von der die Sünde Satans, des „Herrschers dieser Welt", betroffen ist, der aufgrund seiner Sünde „Beherrscher dieser finsteren Welt"[106] geworden ist. Durch einen solchen Bezug zum „Gericht" eröffnet sich ein weiter Horizont für das Verständnis von „Sünde" und auch von „Gerechtigkeit". Indem der Heilige Geist vor dem Hintergrund des Kreuzes Christi *die Sünde* in der Heilsökonomie (sozusagen „die erlöste Sünde") aufzeigt, läßt er uns zugleich verstehen, wie es auch zu seiner Sendung gehört, jener Sünde zu „überführen", die schon endgültig verurteilt ist („die verurteilte Sünde").

29. Alle Worte, die vom Erlöser im Abendmahlssaal vor seinem Leiden gesprochen wurden, *prägen sich der Zeit der Kirche ein:* vor allem jene über den Heiligen Geist als Beistand und Geist der Wahrheit. Sie prägen

sich ihr in immer neuer Weise ein, in jeder Generation, in jeder Epoche. Soweit es unser Jahrhundert betrifft, wird dies von der gesamten Lehre des II. Vatikanischen Konzils, besonders aber von der *Pastoralkonstitution „Gaudium et spes",* bestätigt. Viele Abschnitte dieses Dokumentes zeigen deutlich, daß sich das Konzil, indem es sich dem Licht des Geistes der Wahrheit öffnet, als *der wahre Hort* der Ankündigungen und Verheißungen versteht, die Christus den Aposteln und der Kirche in seiner Abschiedsrede gemacht hat: in besonderer Weise jener Ankündigung, nach welcher der Heilige Geist die Welt überführen (und aufdecken) soll, „was Sünde, Gerechtigkeit und Gericht ist".

Das zeigt schon der Text, in welchem das Konzil erklärt, wie es *„die Welt"* versteht: „Vor seinen (des Konzils) Augen steht also die Welt der Menschen, das heißt die ganze Menschheitsfamilie mit der Gesamtheit der Wirklichkeiten, in denen sie lebt; die Welt, der Schauplatz der Geschichte der Menschheit, von ihren Unternehmungen, Niederlagen und Siegen geprägt; die Welt, die nach dem Glauben der Christen durch die Liebe des Schöpfers begründet ist und erhalten wird; die *unter die Knechtschaft der Sünde geraten, von Christus aber,* dem Gekreuzigten und Auferstandenen, *durch Brechung der Herrschaft des Bösen befreit* wurde; bestimmt, umgestaltet zu werden nach Gottes Heilsratschluß und zur Vollendung zu kommen".[107] In bezug auf diese kurz zusammenfassende Beschreibung sind alle anderen Abschnitte in dieser Pastoralkonstitution zu lesen, die *mit ganzem Glaubensrealismus* die Situation der Sünde in der gegenwärtigen Welt aufzuzeigen und auch ihr Wesen von verschiedenen Seiten her zu erklären suchen.[108]

Wenn Jesus am Vorabend des Osterfestes vom Heiligen Geist als jenem spricht, der „die Welt der Sünde überführen wird", muß man seiner Aussage einerseits *den größtmöglichen Umfang beimessen,* insofern sie die Gesamtheit der Sünden in der Geschichte der Menschheit umfaßt. Wenn Jesus andererseits jedoch erklärt, daß diese Sünde darin besteht, daß „sie nicht an ihn glauben", so scheint dieser Umfang sich auf diejenigen zu *beschränken,* die die messianische Sendung des Menschensohnes verworfen und ihn zum Kreuzestod verurteilt haben. Aber es ist offenkundig, daß dieser mehr „eingeschränkte" und geschichtlich festgelegte Umfang der Bedeutung von Sünde schließlich universale Ausmaße annimmt aufgrund der *Universalität der Erlösung,* die durch das Kreuz vollbracht worden ist. Die Offenbarung des Geheimnisses der Erlösung eröffnet den Weg zu einem Verständnis, in dem *jede Sünde,* wo und wann auch immer sie begangen wurde, auf das Kreuz Christi bezogen wird – und so indirekt auch auf die Sünde jener, die „nicht an ihn geglaubt haben", indem sie Jesus Christus zum Tod am Kreuz verurteilt haben.

Von diesem Gesichtspunkt her müssen wir noch einmal zum Pfingstereignis zurückkehren.

2. Das Zeugnis des Pfingsttages

30. *Die Verheißungen Christi* in seiner Abschiedsrede und insbesondere die Ankündigung, die wir hier behandeln: „Der Beistand ... wird die Welt der Sünde überführen", fanden am Pfingsttag ihre wörtliche und unmittelbare *Bestätigung.* An jenem Tag *kam der verheißene Heilige Geist* auf die Apostel herab, die zusammen mit Maria, der Mutter Jesu, im gleichen Abendmahlssaal zum Gebet versammelt waren, wie wir in der Apostelgeschichte lesen: „Alle wurden mit dem Heiligen Geist er-

füllt und begannen, in fremden Sprachen zu reden, wie es der Geist ihnen eingab",[109] „indem sie so die verstreuten Rassen zur Einheit führten und dem Vater das Erstlingsopfer aller Nationen darboten".[110]

Die Beziehung zwischen diesem Ereignis und der Ankündigung Christi ist offenkundig. Wir sehen hier die erste und grundlegende Erfüllung der Verheißung des Beistandes. Vom Vater gesandt, kommt dieser *„nach"* *dem Fortgehen Christi, „um dessen Preis".* Dies ist zunächst ein Fortgehen durch seinen Tod am Kreuz, dann aber auch, 40 Tage nach seiner Auferstehung, durch seine Himmelfahrt. Noch im Augenblick der Himmelfahrt gebietet Jesus den Aposteln: „Geht nicht weg von Jerusalem, sondern wartet auf die Verheißung des Vaters", „ihr werdet schon in wenigen Tagen *mit dem Heiligen Geist getauft";* „ihr werdet die Kraft des Heiligen Geistes empfangen, der auf euch herabkommen wird; und ihr werdet meine Zeugen sein in Jerusalem und in ganz Judäa und Samarien und bis an die Grenzen der Erde".[111]

Diese letzten Worte enthalten ein Echo oder eine Erinnerung an die Verheißung im Abendmahlssaal. Am Pfingsttag erfüllt sich diese Verheißung ganz genau. Unter dem Antrieb des Heiligen Geistes, den die Apostel während des Gebetes im Abendmahlssaal empfangen haben, *zeigt sich Petrus* vor einer großen Schar von Menschen verschiedener Sprachen, die zum Fest versammelt sind, *und spricht zu ihnen.* Er verkündet, was er *vorher* *nicht den Mut gehabt hätte zu sagen:* „Israeliten, ... Jesus, den Nazoräer, den Gott vor euch beglaubigt hat durch machtvolle Taten, Wunder und Zeichen, die er durch ihn in eurer Mitte getan hat ..., ihn, der nach Gottes beschlossenem Willen und Vorauswissen hingegeben wurde, habt ihr durch die Hand von Gesetzlosen *ans*

Kreuz geschlagen und umgebracht. Gott aber hat ihn von den Wehen des Todes befreit und *auferweckt;* denn es war unmöglich, daß er vom Tod festgehalten wurde".[112]

Jesus hatte es vorausgesagt und versprochen: „Er wird Zeugnis für mich ablegen, und auch ihr sollt Zeugnis ablegen". Mit der ersten Rede des Petrus in Jerusalem nimmt jenes „Zeugnis" seinen deutlichen Anfang: Es ist das Zeugnis über Christus, den Gekreuzigten und Auferstandenen, das Zeugnis des Geistes und Beistandes sowie das der Apostel. In den Worten jenes ersten Zeugnisses *„überführt"* der Geist der Wahrheit durch den Mund des Petrus *„die Welt der Sünde":* vor allem jener Sünde, die in der Zurückweisung Christi bis zur Verurteilung zum Tod, bis zum Kreuz auf Golgota, besteht. Verkündigungen mit ähnlichem Inhalt wiederholen sich nach den Texten der Apostelgeschichte bei anderen Gelegenheiten und an verschiedenen Orten.[113]

31. Von diesem Erstzeugnis zu Pfingsten an ist das Handeln des Geistes der Wahrheit, der die Welt der Sünde der Zurückweisung Christi überführt, eng *mit der Bezeugung des österlichen Geheimnisses verbunden: mit dem Geheimnis des Gekreuzigten und Auferstandenen.* In dieser Verbindung offenbart dieses „der Sünde überführen" seine heilschaffende Dimension. Es ist ja ein „Überführen", dessen Ziel nicht *die bloße Anklage* der Welt ist, noch weniger ihre *Verdammung.* Jesus Christus ist nicht in die Welt gekommen, um sie zu verurteilen und zu verdammen, sondern *um sie zu retten.*[114] Das wird bereits in dieser ersten Rede unterstrichen, wenn Petrus ausruft: „Mit Gewißheit erkenne also das ganze Haus Israel: Gott hat ihn zum Herrn und Messias gemacht, diesen Jesus, den ihr gekreuzigt habt".[115] Und als

darauf die Anwesenden Petrus und die anderen Apostel fragen: „Was sollen wir tun, Brüder?", antwortet dieser: „*Kehrt um,* und jeder von euch lasse sich auf den Namen Jesu Christi taufen *zur Vergebung seiner Sünden;* dann werdet ihr die Gabe des Heiligen Geistes empfangen".[116]

Auf diese Weise wird das „*der Sünde überführen*" zugleich ein Überzeugen von der *Vergebung der Sünden* in der Kraft des Heiligen Geistes. In seiner Rede zu Jerusalem ruft Petrus zur Umkehr auf, so wie Jesus seine Zuhörer am Beginn seiner messianischen Sendung aufgerufen hat.[117] Umkehr *erfordert, von der Sünde überzeugt zu werden;* sie enthält ein inneres Gewissensurteil, und da dieses eine Prüfung durch das Handeln des Geistes der Wahrheit im Herzen des Menschen ist, wird es zugleich zum Beginn einer neuen Ausspendung von Gnade und Liebe: „Empfangt den Heiligen Geist".[118] Wir entdecken so in diesem „der Sünde überführen" *eine doppelte Gabe:* das Geschenk der Wahrheit des Gewissens und das Geschenk der Gewißheit der Erlösung. Der Geist der Wahrheit ist auch der Beistand.

Das Überführen der Sünde durch den Dienst der apostolischen Verkündigung in der Urkirche wird – unter dem Antrieb des Pfingstgeistes – auf die *erlösende Kraft* des gekreuzigten und auferstandenen Christus bezogen. So erfüllt sich die auf den Heiligen Geist gerichtete vorösterliche Verheißung: „Er nimmt von dem, was mein ist, und wird es euch verkünden". Wenn darum Petrus während des Pfingstereignisses *von der Sünde jener spricht, die „nicht geglaubt haben"*[119] und die Jesus von Nazaret einem schmachvollen Tod übergeben haben, legt er Zeugnis ab für den *Sieg über die Sünde:* ein Sieg, der in gewissem Sinne „durch" die größte Sünde vollbracht worden ist, die der Mensch begehen konnte: *die Tötung Jesu, des Gottessohnes, der dem Vater wesens-*

gleich ist! Ähnlich besiegt der Tod des Sohnes Gottes den Tod des Menschen: *„Ich werde dein Tod sein, o Tod"*,[120] wie die Sünde, *den Sohn Gottes gekreuzigt* zu haben, *die menschliche Sünde „besiegt"!* Jene Sünde, die sich am Karfreitag in Jerusalem ereignete – und auch jede Sünde des Menschen. Der größten Sünde von seiten des Menschen entspricht nämlich im Herzen des Erlösers *die Darbietung der höchsten Liebe,* die das Böse aller Sünden der Menschen überwindet. Auf der Grundlage dieser Gewißheit zögert die Kirche nicht, in der römischen Liturgie jedes Jahr während der Feier der Osternacht, wenn der Diakon die Auferstehung mit dem Gesang des *„Exsultet"* verkündet, die Worte zu wiederholen: *„O glückliche Schuld!".*

32.   Von dieser unsagbaren Wahrheit kann jedoch niemand *die Welt,* den Menschen, das menschliche Gewissen *überzeugen,* wenn nicht *er selbst, der Geist der Wahrheit.* Er ist der Geist, der „die Tiefen Gottes ergründet".[121] Angesichts des Geheimnisses der Sünde muß man „die Tiefen Gottes" *ganz und gar ergründen.* Es genügt nicht, das menschliche Gewissen, das innerste Geheimnis des Menschen zu durchforschen, sondern man muß in das innerste Geheimnis Gottes vordringen, in jene „Tiefen Gottes", die man so zusammenfassen kann: *zum Vater – im Sohn – durch den Heiligen Geist.* Der Heilige Geist ist es, der sie „ergründet", und von dort her gibt er die *Antwort Gottes* auf die Sünde des Menschen. Mit dieser Antwort endet der Vorgang, durch den dieser „die Welt ihrer Sünde überführt", wie es das Pfingstereignis deutlich macht.

Indem der Heilige Geist so die „Welt" der Sünde von Golgota, des Todes des unschuldigen Lammes, überführt, wie es am Pfingsttag geschieht, deckt er auch jede andere Sünde auf, die an jedem Ort und in jedem Augenblick der Geschichte des Menschen begangen wird: *Er beweist ihren Bezug zum Kreuz Christi.* Dieses „Überführen" ist der Aufweis des Bösen der Sünde, in ihrem Bezug zum Kreuz Christi. In diesem Zusammenhang *wird die Sünde in der ganzen Tiefe des Bösen erkannt,* die ihr eigen ist, in ihrem *„mysterium iniquitatis",* dem „Geheimnis des Bösen",[122] das in ihr enthalten und verborgen ist. Der Mensch kennt diese Tiefe nicht – ohne das Kreuz Christi kann er sie in keiner Weise erkennen. Er kann deshalb *nur vom Heiligen Geist* davon „überzeugt" werden, dem Geist der Wahrheit, aber auch des Trostes.

Wenn die Sünde in ihrem Zusammenhang mit dem Kreuz Christi dargestellt wird, wird sie zugleich auch *in der ganzen Tiefe des „Geheimnisses unseres Glaubens"*[123] *erkannt,* wie das nachsynodale Apostolische Schreiben *„Reconciliatio et paenitentia"* aufgezeigt hat.[124] Auch diese Dimension der Sünde erkennt der Mensch in keiner Weise ohne das Kreuz Christi. Und auch von ihr kann er nur durch den *Heiligen Geist* „überzeugt" werden: von ihm, der „die Tiefen Gottes ergründet".

3. Das Zeugnis vom Anfang: die Ursünde

33.   Diese Dimension der Sünde finden wir im Zeugnis vom Anfang, wie es das *Buch Genesis*[125] berichtet. Es ist die Sünde, die nach dem geoffenbarten Wort Gottes den *Anfang und die Wurzel aller anderen Sünden* bildet. Wir befinden uns hier am Ursprung der Sünde in der Geschichte des Menschen und zugleich im Ganzen der Heilsökonomie. Man kann sagen, daß in dieser Sünde *„das Geheimnis des Bösen"* seinen Anfang nahm, aber auch, daß gerade an dieser Sünde die erlösende Kraft des

„Geheimnisses unseres Glaubens" besonders deutlich und wirksam wird. Das drückt der heilige Paulus aus, wenn er dem „Ungehorsam" des ersten Adam den „Gehorsam" Christi, des zweiten Adam, gegenüberstellt: „Er war gehorsam bis zum Tod".[126]

Nach dem Zeugnis vom Anfang geschieht die Ursünde im Willen – und im Gewissen – des Menschen vor allem als „Ungehorsam", als Widerstand des menschlichen Willens gegen den Willen Gottes. Dieser Ungehorsam des Anfangs setzt die Zurückweisung oder zumindest das Abweichen von der Wahrheit voraus, die im Wort Gottes enthalten ist, der die Welt erschafft. Dieses Wort ist dasselbe, das „am Anfang ... bei Gott" war, das „Gott war" und „ohne das nichts wurde, was geworden ist"; denn „die Welt ist durch ihn geworden".[127] Dieses Wort ist auch ewiges Gesetz, Ursprung jeden Gesetzes, das die Welt und besonders die menschlichen Akte ordnet. Wenn Jesus Christus also am Vorabend seines Leidens von der Sünde jener spricht, die „nicht an ihn glauben", enthalten diese seine Worte voller Schmerz gleichsam ein fernes Echo jener Sünde, die sich in ihrer Urform wie ein dunkler Schatten über das Geheimnis der Schöpfung legt. Der hier spricht, ist ja nicht nur der Menschensohn, sondern jener, der auch „der Erstgeborene der ganzen Schöpfung ist"; „denn in ihm wurde alles erschaffen, ... durch ihn und auf ihn hin".[128] Im Licht dieser Wahrheit versteht man, daß der „Ungehorsam" im Geheimnis des Anfangs in gewissem Sinne dasselbe „Nicht-Glauben" voraussetzt, jenes gleiche „sie haben nicht geglaubt", wie es sich gegenüber dem österlichen Geheimnis wiederholen wird. Wie bereits gesagt, handelt es sich um die Zurückweisung oder zumindest um das Abweichen von der Wahrheit im Wort des Vaters. Die Zurückweisung äußert sich praktisch als „Ungehorsam", im Eingehen auf die Versuchung, die vom „Vater der Lüge" [129] ausgeht. An der Wurzel menschlicher Sünde steht also die Lüge als radikale *Zurückweisung der Wahrheit*, die im Wort des Vaters enthalten ist, durch das sich die liebevolle Allmacht des Schöpfers ausdrückt: die Allmacht und zugleich die Liebe „Gottes des Vaters, des Schöpfers des Himmels und der Erde".

34. *„Der Geist Gottes"*, der nach der biblischen Darstellung der Schöpfung „über den Wassern schwebte",[130] bezeichnet denselben „Geist, der die Tiefen Gottes ergründet": *Er ergründet die Tiefen des Vaters sowie des Sohnes und Ewigen Wortes* im Geheimnis der Schöpfung. Er ist nicht nur der unmittelbare Zeuge ihrer gegenseitigen Liebe, aus der die Schöpfung hervorgeht, sondern ist selbst diese Liebe. Er selbst ist als Liebe ewiges, unerschaffenes Geschenk. In ihm ist der *Ursprung und Anfang jeder Gabe für die Geschöpfe.* Das Zeugnis vom Anfang, das wir vom Buch Genesis an in der ganzen Offenbarung finden, ist in diesem Punkt eindeutig. Erschaffen heißt aus dem Nichts in das Sein rufen; erschaffen will also sagen, Existenz *schenken*. Und wenn die sichtbare Welt für den Menschen geschaffen wird, dann wird ihm damit die Welt als Geschenk gegeben.[131] Gleichzeitig erhält derselbe Mensch für sein Wesen ein besonderes *„Bild und Gleichnis"* Gottes zum Geschenk: Das bedeutet nicht nur Verstand und Freiheit als konstitutive Eigenschaften der menschlichen Natur, sondern auch von Anfang an die Fähigkeit zur *personalen Beziehung mit Gott*, als „ich" und „du", und so die *Fähigkeit, einen Bund mit ihm zu schließen,* zu dem es durch die heilschaffende Selbstmitteilung Gottes an den Menschen kommen wird. Auf dem Hintergrund jenes „Bildes und Gleichnisses" Gottes bedeutet „das Geschenk des

Geistes" schließlich die *Berufung zur Freundschaft,* bei der sich die transzendenten „Tiefen Gottes" gleichsam öffnen, damit der Mensch daran teilhaben kann. Das II. Vatikanische Konzil lehrt: „Der unsichtbare Gott (vgl. *Kol* 1, 15; *1 Tim* 1, 17) redet aus überströmender Liebe die Menschen an wie Freunde (vgl. *Ex* 33, 11; *Joh* 15, 14–15) und verkehrt mit ihnen (vgl. *Bar* 3, 38), um sie in seine Gemeinschaft einzuladen und aufzunehmen".[132]

35.   Deswegen kennt der Geist, der „alles, auch die Tiefen Gottes ergründet", von Anfang an „die Geheimnisse des Menschen".[133] Aus diesem Grund *kann nur er vollkommen „der Sünde überführen", die es von Anfang an gab,* jener Sünde, die die Wurzel aller anderen Sünden und der Herd der Sündhaftigkeit des Menschen auf der Erde ist, der nie erlischt. Der Geist der Wahrheit kennt die Ursünde, die durch den „Vater der Lüge" – durch den, der schon „gerichtet ist"[134] – im Willen des Menschen verursacht wird. Der Heilige Geist überführt also die Welt der Sünde im Hinblick auf dieses „Urteil", aber auch, indem er ständig *zu jener „Gerechtigkeit" hinführt,* die dem Menschen zusammen mit dem Kreuz Christi offenbart worden ist: durch „den Gehorsam bis zum Tod".[135]

Nur der Heilige Geist kann der Sünde des menschlichen Anfangs überführen, er allein, der die Liebe des Vaters und des Sohnes ist, er, der ganz und gar Geschenk ist, während die Sünde des menschlichen Anfangs in der Lüge und in der Zurückweisung dieses Geschenkes und dieser Liebe besteht, die über den Anfang der Welt und des Menschen bestimmen.

36. Dem Zeugnis vom Anfang entsprechend, das wir in der Heiligen Schrift und in der Tradition finden, wird die Sünde nach der ersten und auch vollständigen Beschreibung im Buch Genesis in ihrer ursprünglichen Form als „Ungehorsam" verstanden, was einfach und direkt *Übertretung eines von Gott gegebenen Verbotes* bedeutet.[136] Aber im Licht des ganzen Zusammenhanges ist es auch offenkundig, daß die Wurzeln dieses Ungehorsams in der Tiefe der gesamten konkreten Wirklichkeit des Menschen gesucht werden müssen. Nachdem er ins Dasein gerufen ist, bleibt der Mensch – Mann und Frau – ein Geschöpf. Das „Abbild Gottes", das in Vernunft und Freiheit besteht, besagt die Größe und die Würde des Menschen, der *Person* ist. Aber diese Person bleibt doch immer ein *Geschöpf:* In ihrem Sein und Wesen hängt sie vom Schöpfer ab. Nach dem Buch Genesis sollte „der Baum der Erkenntnis des Guten und des Bösen" die für ein geschaffenes Wesen unüberschreitbare „Grenze" zum Ausdruck bringen und sie dem Menschen ständig in Erinnerung rufen So wird das Verbot Gottes verstanden: Der Schöpfer verbietet dem Mann und der Frau, von den Früchten des Baumes der Erkenntnis von Gut und Böse zu essen. Die Worte der Einflüsterung oder Versuchung, wie sie in der Heiligen Schrift beschrieben wird, verführen dazu, dieses Verbot zu übertreten – das heißt, die „Grenze" zu *überschreiten:* „Sobald ihr davon eßt, gehen euch die Augen auf; ihr werdet wie Gott („wie Götter") und erkennt Gut und Böse".[137]

Der „Ungehorsam" bedeutet genau die Überschreitung jener Grenze, die doch für Willen und Freiheit des Menschen als eines geschaffenen Wesens unüberschreitbar bleibt. Gott, der Schöpfer, ist nämlich die einzige und entscheidende Quelle der sittlichen Ordnung in der

Welt, die von ihm geschaffen ist. Der Mensch kann nicht aus sich selbst entscheiden, was gut und was böse ist – er kann nicht wie Gott „Gut und Böse erkennen". Ja, in der geschaffenen Welt bleibt *Gott* die erste und oberste Quelle, *um Gut und Böse durch die innere Wahrheit des Seins zu bestimmen,* die ein Abglanz *des göttlichen Wortes* ist, des ewigen und dem Vater wesensgleichen Sohnes. Dem nach dem Bild Gottes geschaffenen Menschen gibt der Heilige Geist als Geschenk das *Gewissen,* damit darin das Bild sein Modell getreu widerspiegeln kann, das Weisheit und Ewiges Gesetz zugleich ist, die Quelle der sittlichen Ordnung im Menschen und in der Welt. Der „Ungehorsam" als ursprüngliche Dimension der Sünde bedeutet die *Zurückweisung dieser Quelle* wegen des Anspruchs des Menschen, selbst autonome und alleinige Quelle für die Bestimmung von Gut und Böse zu werden. Der Geist, der „die Tiefen Gottes ergründet" und zugleich für den Menschen das Licht seines Gewissens und die Quelle der sittlichen Ordnung ist, kennt diese Dimension der Sünde, die in das Geheimnis des menschlichen Anfangs eingeschrieben ist, in ihrer ganzen Tiefe. Und er läßt nicht ab, in bezug auf das Kreuz Christi auf Golgota die Welt dessen zu „überführen".

37. Nach dem Zeugnis vom Anfang hat sich Gott selbst in der Schöpfung als Allmacht offenbart, die Liebe ist. Gleichzeitig hat er dem Menschen offenbart, daß er als „Bild und Gleichnis" seines Schöpfers dazu *berufen* ist, *an der Wahrheit und Liebe teilzuhaben.* Diese Teilhabe bedeutet ein Leben in Gemeinschaft mit Gott, der das „ewige Leben" ist.[138] Der Mensch aber hat sich unter dem Einfluß des „Vaters der Lüge" von dieser Teilhabe gelöst. In welchem Ausmaß? Gewiß nicht nach dem

Maß der Sünde eines reinen Geistes, nach dem Maß also der Sünde Satans. Der menschliche Geist ist unfähig, ein solches Maß zu erreichen.[139] Bereits in der Darstellung der Genesis kann man leicht den *graduellen Unterschied* zwischen dem „bösen Hauch" dessen, der „von Anfang an sündigt (oder in der Sünde verharrt)"[140] und der schon „gerichtet ist",[141] und der Bosheit des Ungehorsams des Menschen feststellen.

Aber auch dieser Ungehorsam bedeutet immer, *Gott den Rücken zu kehren,* in gewissem Sinn ein *Sichverschließen* der menschlichen Freiheit ihm gegenüber. Er bedeutet aber auch eine gewisse Öffnung dieser Freiheit – des Gewissens und des menschlichen Willens – auf den hin, der der „Vater der Lüge" ist. Dieser Akt bewußter Entscheidung ist nicht bloß „Ungehorsam", sondern bringt auch eine *gewisse Zustimmung zu jener Motivation* mit sich, die in der ersten Anstiftung zur Sünde enthalten ist und in der ganzen Geschichte des Menschen auf Erden ständig erneuert wird: „Gott weiß vielmehr: Sobald ihr davon eßt, gehen euch die Augen auf; ihr werdet wie Gott und erkennt Gut und Böse".

Wir befinden uns hier mitten im Zentrum dessen, was man das „Gegen-Wort", das heißt die „Gegen-Wahrheit", nennen könnte. *Die Wahrheit* des Menschen wird in der Tat *verfälscht: wer der Mensch ist* und welches die *unüberschreitbaren Grenzen* seines Seins und seiner Freiheit sind. Diese „Gegen-Wahrheit" ist möglich, weil gleichzeitig die Wahrheit darüber, *wer Gott ist,* vollständig verfälscht wird. Gott, der Schöpfer, wird im Gewissen des Geschöpfes verdächtigt, ja sogar angeklagt. Zum erstenmal in der Geschichte des Menschen erscheint hier der böse „Geist der Verdächtigung". Er sucht *das Gute an sich, das absolute Gute, zu „verfälschen",* das sich gerade im Schöpfungswerk als das Gute offenbart

57

hat, das sich in unsagbarer Weise schenkt: als *„bonum diffusivum sui"* – als das Gute, das sich verströmt –, als *schöpferische Liebe*. Wer könnte vollkommen „der Sünde *überführen"* oder diese Motivation des ursprünglichen Ungehorsams des Menschen aufdecken, wenn nicht der, der allein das Geschenk und die Quelle aller Ausspendung ist, wenn nicht der Geist, der „die Tiefen Gottes ergründet" und der die Liebe des Vaters und des Sohnes ist?

38.   Gegen das gesamte Zeugnis der Schöpfung und der mit ihr verbundenen Heilsökonomie ist der Geist der Finsternis[142] dazu fähig, *Gott als Feind* seines eigenen Geschöpfes hinzustellen und vor allem als Feind des Menschen, *als Quelle von Gefahr und Bedrohung für den Menschen*. Auf diese Weise wird von *Satan* in die Seele des Menschen der Keim des Widerstandes gegen den eingepflanzt, der als Feind des Menschen „von Anbeginn" betrachtet werden soll – und nicht als Vater. Der Mensch wird herausgefordert, der Gegner Gottes zu werden!

Die Analyse der Sünde in ihrer ursprünglichen Dimension zeigt, daß der „Vater der Lüge" *die Menschheitsgeschichte hindurch einen ständigen Druck ausübt zur Zurückweisung Gottes von seiten des Menschen* bis hin zum Haß: *„Amor sui usque ad contemptum Dei"* – „Selbstliebe bis zur Verachtung Gottes", wie es der heilige Augustinus ausdrückt.[143] Der Mensch neigt dann dazu, in Gott vor allem seine eigene Begrenzung zu sehen und nicht die Quelle seiner Befreiung und die Fülle des Guten. Das sehen wir in der modernen Zeit bestätigt, in der die atheistischen Ideologien *die Religion* aufgrund der Annahme *auszurotten* trachten, daß sie eine radikale *„Entfremdung" des Menschen* bewirke, als ob der Mensch seines eigenen Menschseins beraubt würde, indem er in der Bejahung der Idee Gottes diesem zuschreibe, was dem Menschen und ausschließlich dem Menschen gehöre. Hieraus hat sich eine Entwicklung im Denken und in der historisch-soziologischen Praxis ergeben, bei der die Zurückweisung Gottes bis zur Erklärung seines „Todes" gelangte. Eine gedankliche und sprachliche Absurdität! Die Ideologie des „Todes Gottes" bedroht aber vielmehr *den Menschen,* wie es das II. Vatikanische Konzil aufzeigt, wenn es bei der Behandlung der Frage nach der „Autonomie der irdischen Wirklichkeiten" schreibt: „Das Geschöpf sinkt ohne den Schöpfer ins Nichts ... Überdies wird das Geschöpf selbst durch das Vergessen Gottes unverständlich".[144] Die Ideologie des „Todes Gottes" beweist in ihren Auswirkungen leicht, auf theoretischer wie praktischer Ebene eine Ideologie des „Todes des Menschen" zu sein.

4. Der Geist, der das Leiden
in heilbringende Liebe wandelt

39.   Der Geist, der die Tiefen Gottes ergründet, wird von Jesus in seiner Rede im Abendmahlssaal *Paraklet, Beistand,* genannt. Er wird ja *seit dem Anfang „angerufen",* um „die Welt der Sünde zu überführen".[145] In endgültiger Weise wird er durch das Kreuz Christi angerufen. Der Sünde überführen bedeutet, das Böse, das in ihr ist, aufzuzeigen. Das entspricht dem Aufdecken der *geheimen Macht des Bösen.* Es ist nicht möglich, das Böse der Sünde in seiner ganzen schmerzhaften Wirklichkeit zu erfassen, ohne „die Tiefen Gottes zu ergründen". Seit dem Anfang zeigt sich das dunkle Geheimnis der Sünde in der Welt vor dem Hintergrund seiner Beziehung zum

Schöpfer der menschlichen Freiheit. Es zeigt sich als Willensakt des Menschengeschöpfes *gegen* den Willen Gottes: *gegen den Heilswillen Gottes;* ja, sogar als Widerspruch zur Wahrheit, als Folge der Lüge, die bereits endgültig „gerichtet ist": der Lüge, die die schöpferische und heilbringende göttliche Liebe selbst ständig anklagt und verdächtigt. Der Mensch ist dem „Vater der Lüge" gefolgt, indem er sich dem Vater des Lebens und dem Geist der Wahrheit widersetzt hat.

Sollte dieses „der Sünde überführen" demnach nicht auch das *Aufdecken des Leidens* bedeuten? *Das Aufdecken des* unfaßbaren und unaussprechlichen *Schmerzes,* den die Heilige Schrift in ihrer anthropomorphen Sicht wegen der Sünde in den „Tiefen Gottes" und gewissermaßen sogar im Herzen der unbegreiflichen Dreifaltigkeit zu sehen scheint? Die Kirche, von der Offenbarung inspiriert, glaubt und bekennt, daß *die Sünde eine Beleidigung Gottes ist.* Was entspricht im unergründbaren Innern des Vaters, des Wortes und des Heiligen Geistes dieser „Beleidigung", dieser Zurückweisung des Geistes, der Liebe und Geschenk ist? Der Begriff von Gott als des unbedingt vollkommensten Wesens schließt ganz gewiß jeden Schmerz von Gott aus, der aus einem Mangel oder einer Verletzung käme; aber es gibt in den „Tiefen Gottes" eine Liebe des Vaters, die angesichts der Sünde des Menschen so stark reagiert, daß es in der Sprache der Bibel sogar heißt: „Es reut mich, den Menschen gemacht zu haben".[146] „Der Herr sah, daß auf der Erde die Schlechtigkeit des Menschen zunahm ... *Da reute es den Herrn, den Menschen auf der Erde gemacht zu haben, und es tat seinem Herzen weh. Der Herr sagte: ‚Es reut mich, sie gemacht zu haben'".*[147] Aber viel öfter spricht uns die Heilige Schrift von einem Vater, der Mitleid mit dem Menschen hat, gleichsam als teile er seinen

Schmerz. Schließlich wird dieser unergründliche und unsagbare *„Schmerz" des Vaters* vor allem das wunderbare *Heilswerk der erlösenden Liebe* in Jesus Christus hervorbringen, damit durch das *Geheimnis des Glaubens* die Liebe in der Geschichte des Menschen sich als stärker erweisen kann als die Sünde. Damit die Gnadengabe Gottes siegt!

Der Heilige Geist, der nach den Worten Jesu „der Sünde überführt", ist die Liebe des Vaters und des Sohnes, und als solche ist er die dreifaltige Gnadengabe und zugleich die ewige Quelle aller göttlichen Gaben für die Geschöpfe. Gerade in ihm können wir jenes *Erbarmen* in Gestalt einer Person erblicken und in transzendenter Weise am Werk sehen, wie es die patristische und theologische Tradition auf der Linie des Alten und Neuen Testamentes Gott zuschreibt. Im Menschen umfaßt das Erbarmen Schmerz und Mitleid für das Elend des Nächsten. In Gott führt der Geist, der Liebe ist, von der Wahrnehmung menschlicher Sünde hin zu einer neuen Ausspendung heilbringender Liebe. In Einheit mit dem Vater und dem Sohn geht aus ihm das Heilswerk hervor, das die Geschichte des Menschen mit den Gaben der Erlösung erfüllt.

Wenn die Sünde durch die Zurückweisung der Liebe das „Leiden" des Menschen hervorgebracht hat, das sich in gewisser Weise über die ganze Schöpfung ausgedehnt hat,[148] soll *der Heilige Geist* in das menschliche und kosmische Leiden mit einer neuen Ausspendung der Liebe eingehen, die die Welt erlösen wird. Und aus dem Munde Jesu, des Erlösers, in dessen Menschsein sich das „Leiden" Gottes bewahrheitet, wird ein Wort zu hören sein, in dem sich die ewige Liebe voll göttlichen Erbarmens zeigt: *„Misereor"* – *„Ich habe Mitleid".*[149] So verwandelt der Heilige Geist das „der Sünde

überführen" gegenüber der Schöpfung, „die der Vergänglichkeit unterworfen ist", und vor allem in der Tiefe des
menschlichen Gewissens in eine Offenbarung darüber,
wie *die Sünde durch das Opfer des Gotteslammes besiegt*
wird, des Messias, der „bis in den Tod" der *gehorsame
Knecht* geworden ist und die Erlösung der Welt bewirkt,
indem er den *Ungehorsam* des Menschen wiedergut-
macht. Das ist die Weise, wie der Geist der Wahrheit,
der Beistand, „der Sünde überführt".

40.   Der erlösende Wert des Opfers Christi wird mit
sehr bedeutungsvollen Worten vom Verfasser des *Hebräerbriefes* ausgedrückt, der an die Opfer des Alten Bundes erinnert, bei denen „das Blut von Böcken und Stieren
... leiblich rein macht", und dann hinzufügt: „Wieviel
mehr wird das Blut Christi, *der sich selbst kraft ewigen
Geistes Gott als makelloses Opfer dargebracht hat,* unser
Gewissen von toten Werken reinigen, damit wir dem lebendigen Gott dienen?".[150] Wenn wir auch um andere
mögliche Interpretationen wissen, so führen uns unsere
Überlegungen über die Gegenwart des Heiligen Geistes
im ganzen Leben Christi dazu, in diesem Text gleichsam
eine Einladung zu erblicken, über die Gegenwart dieses
Geistes auch im erlösenden Opfer des menschgewordenen Wortes nachzudenken.

Betrachten wir zunächst die Anfangsworte, die von
diesem Opfer handeln, und dann, getrennt davon, die
„Reinigung des Gewissens", die es bewirkt. Es ist wirklich ein Opfer, das „kraft *(= durch das Wirken) ewigen
Geistes"* dargebracht worden ist, der daraus die Kraft
schöpft, um des Heiles willen „der Sünde zu überführen". Es ist derselbe Heilige Geist, den *Jesus Christus*
nach der Verheißung im Abendmahlsaal am Tag seiner
Auferstehung den Aposteln „bringen" wird, wenn er

sich ihnen mit den Wunden der Kreuzigung zeigt, und den er ihnen „*zur Vergebung der Sünden*" schenkt: „Empfanget den Heiligen Geist! Wem ihr die Sünden vergebt, dem sind sie vergeben".[151]

Wir wissen, daß „Gott Jesus von Nazaret gesalbt hat mit dem Heiligen Geist", wie Simon Petrus im Haus des Hauptmanns Cornelius sagte.[152] Wir kennen das österliche Geheimnis seines „Fortgehens", wie es das Johannesevangelium darstellt. Die Worte des Hebräerbriefes erklären uns nun, in welcher Weise „sich Christus selbst als makelloses Opfer Gott dargebracht hat", und wie er dies „kraft ewigen Geistes" gemacht hat. Der Heilige Geist ist im Opfer des Menschensohnes gegenwärtig und handelt dort so, wie er bei seiner Empfängnis gehandelt hat, bei seinem Kommen in diese Welt, in seinem verborgenen Leben und seinem öffentlichen Wirken.

Nach dem Hebräerbrief hat *Jesus Christus* bei seinem „Fortgehen" über Getsemani und Golgota in seiner Menschheit ebenso vollkommen diesem *Handeln des Geistes und Beistandes* geöffnet, der aus dem Leiden die ewige heilbringende Liebe aufleuchten läßt. Er ist es also, der „erhört worden ist ... Obwohl er der Sohn war, hat er durch Leiden den Gehorsam gelernt".[153] Der Brief zeigt auf diese Weise, wie *die Menschheit,* die in den Nachkommen des ersten Adam *der Sünde unterworfen war,* in Jesus Christus *vollkommen Gott unterworfen* und mit ihm vereint worden ist und wie sie zugleich von Barmherzigkeit gegenüber den Menschen erfüllt wurde. So gibt es nun *ein neues Menschsein,* das in Jesus Christus und durch sein Leiden am Kreuz zur Liebe zurückgekehrt ist, die Adam durch die Sünde verraten hatte. Sie hat sich wiedergefunden in derselben göttlichen Quelle des ursprünglichen Gnadengeschenkes: im Geist, der „die Tiefen Gottes ergründet" und der selbst Liebe und Geschenk ist.

Der Gottessohn Jesus Christus hat als Mensch im inständigen Gebet seines Leidens dem Heiligen Geist, der
sein Menschsein schon voll und ganz durchdrungen
hatte, gewährt, ihn durch sein Sterben *zu einem vollkommenen Opfer zu machen,* zu einem Opfer der Liebe
am Kreuz. Allein hat er diese Gabe dargeboten. Als einziger Priester „hat er sich selbst als makelloses Opfer Gott
dargebracht".[154] In seiner Menschheit war er würdig, ein
solches Opfer zu werden, wiel *er allein* „makellos" war.
Aber er brachte sich dar „kraft ewigen Geistes": Das bedeutet, daß der Heilige Geist in besonderer Weise bei
dieser vollkommenen Selbsthingabe des Menschensohnes mitgewirkt hat, um das Leiden in erlösende Liebe zu
verwandeln.

41. Im Alten Testament spricht man mehrmals vom
„Feuer des Himmels", das die von den Menschen dargebrachten Opfer verzehrte.[155] In analoger Weise kann
man sagen, daß der Heilige Geist *„Feuer vom Himmel"*
ist, das in der Tiefe des Kreuzesgeheimnisses wirkt. Vom
Vater ausgehend, lenkt er das Opfer des Sohnes zum Vater hin, indem er es in die *göttliche Wirklichkeit der trinitarischen Gemeinschaft* einbringt. Wenn die Sünde
das Leiden hervorgebracht hat, so hat der Schmerz Gottes nun im gekreuzigten Christus durch den Heiligen
Geist seinen vollen menschlichen Ausdruck gewonnen.
Wir haben hier ein paradoxes Geheimnis der Liebe: In
Christus leidet Gott, der von seiner eigenen Schöpfung
zurückgewiesen wird: „Sie glauben nicht an mich!"; zugleich aber holt der Geist *aus der Tiefe dieses Leidens* –
und indirekt aus der Tiefe eben dieser Sünde, nämlich
„nicht geglaubt zu haben" – *ein neues Maß für das Gnadengeschenk, das dem Menschen und der Schöpfung* von
Anfang an gemacht worden ist. In der Tiefe des Geheim-

nisses des Kreuzes ist die Liebe am Werk, die den Menschen erneut zur Teilnahme am Leben bringt, das in Gott selbst ist.

Der Heilige Geist als Liebe und Gnadengeschenk *versenkt sich gewissermaßen in die Herzmitte jenes Opfers,* das am Kreuz dargeboten wird. Mit Bezug auf die biblische Tradition können wir sagen: *Er verzehrt dieses Opfer mit dem Feuer der Liebe,* die den Sohn mit dem Vater in der trinitarischen Gemeinschaft vereint. Und weil das Kreuzesopfer ein eigener Akt Christi ist, *„empfängt"* auch er *den Heiligen Geist.* Er empfängt ihn auf solche Weise, daß er ihn dann – und nur er allein mit dem Vater – *den Aposteln, der Kirche, der Menschheit „geben"* kann. Er allein „sendet" ihn vom Vater.[156] Er allein zeigt sich den im Abendmahlssaal versammelten Aposteln, „haucht sie an" und sagt: „Empfangt den Heiligen Geist! Wem ihr die Sünden vergebt, dem sind sie vergeben",[157] wie es bereits Johannes der Täufer angekündigt hatte: „Er wird euch mit Heiligem Geist und mit Feuer taufen".[158] Mit diesen Worten Jesu wird der Heilige Geist *offenbart und zugleich gegenwärtig gesetzt* als Liebe, die in der Tiefe des österlichen Geheimnisses als Quelle der heilbringenden Kraft des Kreuzes Christi, als Gnadengeschenk des neuen und ewigen Lebens am Werk ist.

Diese Wahrheit über den Heiligen Geist findet ihren täglichen *Ausdruck in der römischen Meßliturgie,* wenn der Priester vor der heiligen Kommunion jene bedeutungsvollen Worte spricht: „Herr Jesus Christus, Sohn des lebendigen Gottes, dem Willen des Vaters gehorsam, hast du *im Heiligen Geist* durch deinen Tod der Welt das Leben geschenkt". Im Dritten Eucharistischen Hochgebet bezieht sich der Priester auf dieselbe Heilsordnung und bittet Gott: *„Er (der Heilige Geist) mache uns auf immer zu einer Gabe, die dir wohlgefällt".*

5. Das Blut, welches das Gewissen reinigt

42. Wie bereits gesagt, ist auf dem Höhepunkt des österlichen Geheimnisses der Heilige Geist endgültig geoffenbart und in einer neuen Weise gegenwärtig gesetzt worden. Der auferstandene Christus sagt den Aposteln: „Empfangt den Heiligen Geist". Auf diese Weise wird der Heilige Geist *offenbart;* denn die Worte Christi sind die Bestätigung der Verheißungen und Ankündigungen während der Abschiedsrede im Abendmahlssaal. Hierdurch wird der Tröster zugleich in neuer Weise *gegenwärtig.* Zwar war er schon von Anfang an im Geheimnis der Schöpfung und während der ganzen Geschichte des Alten Bundes mit dem Menschen wirksam. Voll bestätigt aber wurde sein Wirken durch die Sendung des Menschensohnes als Messias, der in der Kraft des Heiligen Geistes erschienen ist. Auf dem Höhepunkt der messianischen Sendung Jesu wird der Heilige Geist im österlichen Geheimnis ganz *als göttliche Person* gegenwärtig: als derjenige, der das Heilswerk, das im Kreuzesopfer gründet, fortführen soll. Zweifelsohne wird dieses Werk von Jesus Menschen anvertraut: den Aposteln, der Kirche. Doch bleibt der Heilige Geist in diesen Menschen und durch sie der transzendente Handelnde bei der Verwirklichung dieses Werkes im Geist des Menschen und in der Weltgeschichte: der unsichtbare und zugleich allgegenwärtige Tröster! Der Geist, der „weht, wo er will".[159]

Die Worte, welche der auferstandene Christus „am ersten Tag nach dem Sabbat" sprach, *heben in besonderer Weise die Gegenwart des Tröster-Geistes hervor,* als desjenigen, der „die Welt der Sünde, der Gerechtigkeit und des Gerichts überführt". In der Tat, nur in diesem Zusammenhang erklären sich die Worte, die Jesus in direkten Bezug zur „Gabe" des Geistes an die Apostel setzt. Er sagt: „Empfangt den Heiligen Geist! Wem ihr die Sünden vergebt, dem sind sie vergeben; wem ihr die Vergebung verweigert, dem ist sie verweigert".[160] Jesus erteilt den Aposteln die Vollmacht, Sünden zu vergeben, damit sie diese an ihre Nachfolger in der Kirche weitergeben. Diese Vollmacht, die Menschen verliehen wird, setzt jedoch das Heilshandeln des Heiligen Geistes voraus und schließt es mit ein. Als „Licht der Herzen",[161] das heißt der Gewissen, „macht er die Sünde offenbar", *läßt er den Menschen das Böse in ihr erkennen und lenkt ihn zugleich zum Guten hin.* Dank der Vielfalt seiner Gaben, derentwegen er als „siebenfältig" angerufen wird, kann jede Art von Sünde im Menschen durch Gottes erlösende Macht erreicht werden. In der Tat wird – wie der heilige Bonaventura sagt – „kraft der sieben Gaben des Heiligen Geistes alles Böse überwunden und alles Gute gewirkt".[162]

Unter dem Einfluß des Trösters vollzieht sich also *jene Bekehrung des menschlichen Herzens,* die unverzichtbare Bedingung der Sündenvergebung ist. Ohne echte Bekehrung, die eine innere Reue einschließt, und ohne einen aufrichtigen und festen Vorsatz zur Umkehr, bleiben die Sünden „nicht nachgelassen", wie Jesus und mit ihm die ganze Überliegerung des Alten und Neuen Bundes sagen. Die ersten Worte Jesu am Beginn seines öffentlichen Wirkens lauten ja nach dem Markusevangelium: „Kehrt um und glaubt an das Evangelium".[163] Die Bekräftigung dieses Aufrufes ist das „Offenlegen der Sünde", welches der Heilige Geist auf neue Weise vollbringt kraft der Erlösung, die durch das Blut des Menschensohnes gewirkt worden ist. Darum spricht der Hebräerbrief vom „Blut, welches das Gewissen reinigt".[164] Es ist also dieses Blut, *das dem Heiligen*

Geist gleichsam den Weg öffnet zum Innersten des Menschen, das heißt zum Heiligtum des menschlichen Gewissens.

43. Das II. Vatikanische Konzil hat an die katholische Lehre über das Gewissen erinnert, als es von der Berufung des Menschen und insbesondere von der Würde der menschlichen Person sprach. Gerade das *Gewissen* entscheidet in einer besonderen Weise über diese Würde. Das Gewissen ist nämlich *„die verborgenste Mitte* und *das Heiligtum im Menschen,* wo er allein ist mit Gott, dessen Stimme in diesen seinem Innersten zu hören ist" und klar „in den Ohren des Herzens tönt: Tu dies, meide jenes". Eine solche Fähigkeit, das Gute zu gebieten und das Böse zu verbieten, vom Schöpfer dem Menschen eingestiftet, *ist die zentrale Eigenschaft einer Person.* Doch zugleich entdeckt der Mensch „im Inneren seines Gewissens ... ein Gesetz, das er sich nicht selbst gibt, sondern dem er gehorchen muß".[165] Das Gewissen ist also *keine autonome und ausschließliche Instanz,* um zu entscheiden, was gut und was böse ist; ihm ist vielmehr *ein Prinzip des Gehorsams* gegenüber der *objektiven Norm* tief eingeprägt, welche die Übereinstimmung seiner Entscheidungen mit den Geboten und Verboten begründet und bedingt, die dem menschlichen Verhalten zugrundeliegen, wie es die schon zitierte Stelle aus dem Buch Genesis zeigt.[166] Genau in diesem Sinne ist das Gewissen „das innerste Heiligtum", in welchem *„die Stimme Gottes widerhallt".* Es ist die „Stimme Gottes" selbst, auch dann, wenn der Mensch darin ausschließlich das Prinzip der moralischen Ordnung anerkennt, an dem man menschlich nicht zweifeln kann, auch ohne direkten Bezug auf den Schöpfer, obwohl das Gewissen gerade in diesem Bezug stets seine Begründung und Rechtfertigung findet.

Das „Offenlegen der Sünde" unter dem Einfluß des Geistes der Wahrheit, von dem das Evangelium spricht, kann im Menschen einzig und allein durch das *Gewissen* geschehen. Wenn das Gewissen recht ist, hilft es „zur *wahrheitsgemäßen Lösung* all der vielen moralischen Probleme, die im Leben des einzelnen wie im gesellschaftlichen Zusammenleben entstehen"; dann „lassen die Personen und Gruppen von der blinden Willkür ab und suchen sich nach den objektiven Normen der Sittlichkeit zu richten".[167]

Frucht des rechten Gewissens ist es vor allem, *das Gute und das Böse beim Namen zu nennen,* wie es die Pastoralkonstitution „Gaudium et spes" tut: Alles, „was ... zum Leben selbst im Gegensatz steht, wie jede Art von Mord, Völkermord, Abtreibung, Euthanasie und auch der freiwillige Selbstmord; was immer die Unantastbarkeit der menschlichen Person verletzt, wie Verstümmelung, körperliche oder seelische Folter und der Versuch, psychischen Zwang auszuüben; was immer die menschliche Würde angreift, wie unmenschliche Lebensbedingungen, willkürliche Verhaftung, Verschleppung, Sklaverei, Prostitution, Mädchenhandel und Handel mit Jugendlichen, sodann auch unwürdige Arbeitsbedingungen, bei denen der Arbeiter als bloßes Erwerbsmittel und nicht als freie und verantwortliche Person behandelt wird"; nachdem die Konstitution diese *vielfältigen, in unserer Zeit so häufigen und verbreiteten Sünden* beim Namen genannt hat, fügt sie hinzu: „All diese und andere ähnliche Taten sind an sich schon eine Schande; sie sind eine Zersetzung der menschlichen Kultur, entwürdigen weit mehr jene, die das Unrecht tun, als jene, die es erleiden. Zugleich sind sie in höchstem Maße ein Widerspruch gegen die Ehre des Schöpfers".[168]

Solche Sünden beim Namen zu nennen, die den Menschen am meisten entehren, sowie nachzuweisen, daß diese ein moralisches Übel sind, das jede Fortschrittsbilanz der Menschheit negativ belastet: dies alles beschreibt das Konzil als Etappe „eines dramatischen Kampfes zwischen dem Guten und dem Bösen, zwischen dem Licht und der Finsternis", der „das gesamte menschliche Leben der Einzelnen wie der Gemeinschaft" bestimmt.[169] Die Versammlung der Bischofssynode, welche im Jahre 1983 das Thema der Versöhnung und Buße behandelte, hat die persönliche und soziale Dimension der Sünde des Menschen noch genauer aufgezeigt.[170]

44. Im Abendmahlssaal, am Vorabend seines Leidens, und dann am Abend des Ostertages hat Jesus Christus sich auf den Heiligen Geist als denjenigen berufen, der bezeugt, daß *in der Geschichte der Menschheit die Sünde* fortdauert. Dennoch ist *die Sünde der heilswirksamen Macht der Erlösung* unterstellt. „Die Welt der Sünde überführen", das erschöpft sich nicht darin, die Sünde beim Namen zu nennen und als das zu identifizieren, was sie in ihrer ganzen Vielfalt ist. Wenn die Welt der Sünde überführt wird, *begegnen sich der Geist der Wahrheit und die Stimme des menschlichen Gewissens.*

Auf diesem Weg gelangt man zum *Nachweis der Wurzeln der Sünde,* die im Innersten des Menschen liegen, wie dieselbe Pastoralkonstitution betont: „In Wahrheit hängen die Störungen des Gleichgewichts, an denen die moderne Welt leidet, mit jener tiefer liegenden Störung des *Gleichgewichts* zusammen, die *im Herzen des Menschen* ihren Ursprung hat. Denn im Menschen selbst sind viele widersprüchliche Elemente gegeben. Einerseits erfährt er sich nämlich als Geschöpf vielfältig begrenzt, andererseits empfindet er sich in seinem Verlangen unbegrenzt und berufen zu einem Leben höherer Ordnung.

Zwischen so vielen verlockenden Möglichkeiten, die sich ihm stellen, muß er dauernd unweigerlich eine Wahl treffen und so auf dieses oder jenes verzichten. Als schwacher Mensch und Sünder *tut er oft das, was er nicht will, und was er tun wollte, tut er nicht*".[171] Der Konzilstext bezieht sich hier auf die bekannten Worte des heiligen Paulus.[172]

Das „Offenlegen der Sünde", welches das menschliche Gewissen in jeder vertieften Reflexion über sich selbst begleitet, führt also zur Entdeckung ihrer Wurzeln im Menschen sowie auch der Bedingtheiten des Gewissens selbst im Lauf der Geschichte. So finden wir erneut jene ursprüngliche Wirklichkeit der Sünde, von der wir schon gesprochen haben. *Der Heilige Geist „überführt der Sünde"* im Hinblick auf das Geheimnis des Anfangs, indem er die Tatsache aufweist, daß der Mensch *ein Geschöpf* ist und darum in totaler seinsmäßiger und ethischer Abhängigkeit vom Schöpfer steht; zugleich erinnert er an die ererbte Sündhaftigkeit der menschlichen Natur. Der Heilige Geist, der Tröster, „überführt der Sünde" jedoch *immer mit dem Blick auf das Kreuz Christi*. Mit diesem Bezug verwirft das Christentum jeden „Fatalismus" der Sünde. „Ein harter Kampf gegen die Mächte der Finsternis, ein Kampf, der schon am Anfang der Welt begann und nach dem Wort des Herrn bis zum letzten Tag andauern wird" – so lehrt das Konzil[173] *„Der Herr selbst aber ist gekommen, um den Menschen zu befreien und zu stärken"*.[174] Indem der Mensch also, weit entfernt davon, sich durch seine Sündhaftigkeit „fesseln" zu lassen, der Stimme seines Gewissens vertraut, „muß er ... beständig kämpfen um seine Entscheidung für das Gute, und nur mit großer Anstrengung kann er *mit Gottes Gnadenhilfe* seine innere Einheit erreichen".[175] Mit Recht sieht das Konzil die Sünde als *Grund* *des Bruches* an, der das persönliche und gesellschaftliche Leben des Menschen belastet; zugleich aber erinnert es unermüdlich an die Möglichkeit des Sieges.

45. Der Geist der Wahrheit, welcher „die Welt der Sünde überführt", trifft auf jene Mühe des menschlichen Gewissens, von der die Konzilstexte so eindrucksvoll reden. Diese *Mühe des Gewissens* bestimmt zugleich die vielfältigen Wege menschlicher Umkehr: der Sünde den Rücken kehren, um die Wahrheit und Liebe im Innersten des Menschen wieder aufzurichten. Man weiß, wie es bisweilen viel kostet, das Böse in sich selbst anzuerkennen. Man weiß, daß das *Gewissen* nicht nur gebietet und verbietet, sondern im Licht der inneren Gebote und Verbote auch *richtet.* Es ist auch die Quelle für *Gewissensbisse:* Der Mensch leidet innerlich infolge des begangenen Bösen. Ist dieses Leiden nicht ein ferner Widerhall jener „Reue über die Erschaffung des Menschen", welche die anthropomorphe Sprache der Bibel Gott selbst zuschreibt, jener „Verwerfung", die im „Herzen" der Dreifaltigkeit geschieht, aber kraft der ewigen Liebe zum Schmerz des Kreuzes wird im Gehorsam Christi bis zum Tod? Wenn der Geist der Wahrheit das menschliche Gewissen *teilhaben läßt an diesem Schmerz,* dann wird das Leiden des Gewissens besonders tief, aber auch besonders heilsam. Dann vollzieht sich in einem Akt vollkommener Reue die echte Bekehrung des Herzens, die „Umkehr" gemäß dem Evangelium.

Die Mühe des menschlichen Herzens und des Gewissens, mit der diese „Umkehr" oder Bekehrung geschieht, ist der Widerschein jenes Prozesses, durch den sich *die Verwerfung in heilbringende Liebe verwandelt,* die zu leiden weiß. Der verborgene Ausspender dieser heilenden Kraft ist der Heilige Geist: Er, der von der Kirche „Licht der Herzen" genannt wird, durchdringt und erfüllt „die Tiefe der menschlichen Herzen".[176] Durch eine solche Bekehrung im Heiligen Geist *öffnet sich der Mensch dem Verzeihen, der Sündenvergebung.* In dieser ganzen staunenswerten Dynamik von Bekehrung und Vergebung bestätigt sich die Wahrheit dessen, was der heilige Augustinus über das Geheimnis des Menschen in seinem Psalmenkommentar zum Vers *„Flut ruft der Flut zu* beim Tosen deiner Wasser"[177] schreibt. Gerade im Blick auf diese Tiefe des Menschen, des menschlichen Gewissens, „tief wie das Meer", vollzieht sich die Sendung des Sohnes und des Heiligen Geistes. Der *Heilige Geist „kommt"* kraft des „Fortgehens" Christi im österlichen Geheimnis: Er kommt in jedem *konkreten Geschehen von Bekehrung und Vergebung* aus der Kraft des Kreuzesopfers; denn darin „reinigt das Blut Christi ... unser Gewissen von toten Werken, zum Dienst des lebendigen Gottes".[178] So erfüllen sich fortwährend die Worte über den Heiligen Geist als „einen anderen Beistand", die Worte, die im Abendmahlssaal an die Apostel und indirekt an uns alle gerichtet worden sind: „Ihr kennt ihn; denn er *bleibt bei euch* und wird in euch sein".[179]

6. Die Sünde gegen den Heiligen Geist

46. Auf dem Hintergrund dessen, was wir bisher ausgeführt haben, werden einige beeindruckende und bestürzende Worte Jesu verständlicher. Wir könnten sie als *Worte der „Nicht-Vergebung"* bezeichnen. Sie sind uns von den Synoptikern überliefert und beziehen sich auf eine besondere Sünde, die „Lästerung wider den Heiligen Geist" genannt wird. Hier die Texte in ihrer dreifachen Fassung:

Matthäus: „Jede Sünde und Lästerung wird den Menschen vergeben werden, aber die Lästerung gegen den Geist wird nicht vergeben. Auch dem, der etwas gegen den Menschensohn sagt, wird vergeben werden, wer aber etwas gegen den Heiligen Geist sagt, dem wird nicht vergeben, weder in dieser noch in der zukünftigen Welt".[180]

Markus: „Alle Vergehen und Lästerungen werden dem Menschen vergeben, soviel sie auch lästern mögen; wer aber den Heiligen Geist lästert, der findet in Ewigkeit keine Vergebung, sondern seine Sünde wird ewig an ihm haften".[181]

Lukas: „Jedem, der etwas gegen den Menschensohn sagt, wird vergeben werden; wer aber den Heiligen Geist lästert; dem wird nicht vergeben".[182]

Warum ist die Lästerung gegen den Heiligen Geist nicht zu vergeben? *Was ist unter dieser Lästerung zu verstehen?* Der heilige Thomas von Aquin antwortet, daß es sich hier um eine Sünde handelt, „die ihrer Natur nach unvergebbar ist, weil sie jene Elemente ausschließt, derentwegen die Vergebung der Sünden geschieht".[183]

Nach dieser Deutung besteht die Lästerung nicht eigentlich in verletzenden Worten gegen den Heiligen Geist, sondern *in der Weigerung, das Heil anzunehmen, welches Gott dem Menschen durch den Heiligen Geist anbietet,* der in der Kraft des Kreuzesopfers wirkt. Wenn der Mensch jenes „Offenlegen der Sünde", das vom Heiligen Geist ausgeht und heilswirksamen Charakter hat, zurückweist, weist er damit zugleich das „Kommen" des Trösters zurück, jenes „Kommen", das sich im Ostergeheimnis vollzieht, in der Einheit mit der erlösenden Kraft des Blutes Christi, das „unser Gewissen von toten Werken reinigt".

Wir wissen, daß die Frucht einer solchen Reinigung

die Vergebung der Sünden ist. Wer den Geist und das Blut zurückweist, verbleibt deshalb in „toten Werken", in der Sünde. Die Lästerung gegen den Heiligen Geist besteht gerade *in der radikalen Verweigerung der Annahme jener Vergebung,* deren innerster Vermittler er ist und die eine echte Bekehrung voraussetzt, die von ihm im Gewissen gewirkt wird. Wenn Jesus sagt, daß die Lästerungen gegen den Heiligen Geist weder in diesem noch im zukünftigen Leben vergeben wird, dann liegt der Grund darin, daß diese *„Nicht-Vergebung"* ursächlich *mit der Unbußfertigkeit verbunden* ist, das heißt mit der radikalen Weigerung, sich zu bekehren. Dies bedeutet eine Weigerung, sich den Quellen der Erlösung zu nähern, die jedoch in der Heilsordnung, in der sich die Sendung des Heiligen Geistes vollzieht, „immer" geöffnet bleiben. Der Tröster-Geist hat die unbegrenzte Macht, aus diesen Quellen zu schöpfen: „Er wird von dem, was mein ist, nehmen", hat Jesus gesagt. Auf diese Weise vollendet er in den Seelen der Menschen die von Christus gewirkte Erlösung, indem er deren Früchte austeilt. Nun ist aber die Lästerung gegen den Heiligen Geist die Sünde jenes Menschen, der sich auf sein vermeintliches *„Recht" zum Verharren im Bösen* – in jeglicher Sünde – beruft und dadurch die Erlösung verwirft. Ein solcher Mensch bleibt in der Sünde gefangen, indem er von seiner Seite her seine Bekehrung und damit die Sündenvergebung unmöglich macht, die er als unwesentlich und unbedeutsam für sein Leben erachtet. Dies ist eine Situation des geistlichen Ruins; denn die Lästerung gegen den Heiligen Geist erlaubt es dem Menschen nicht, sich aus seiner selbstverhängten Gefangenschaft zu befreien und sich den göttlichen Quellen der Reinigung des Gewissens und der Verzeihung der Sünden zu öffnen.

47. Das Wirken des Heiligen Geistes, das auf das heilbringende „Offenlegen der Sünde" gerichtet ist, trifft im
Menschen, der sich in einer solchen Situation befindet,
auf einen inneren Widerstand, gleichsam auf eine un-
durchdringliche Wand seines Gewissens, auf eine seelische Verfassung, die sich sozusagen aufgrund einer freien
Wahl verfestigt hat: Die Heilige Schrift nennt das ge-
wöhnlich „Verhärtung des Herzens".[184] In unserer Zeit
entspricht dieser Verfassung des Geistes und des Herzens
in etwa der *Verlust des Gespürs für die Sünde,* dem das
Apostolische Schreiben über „Versöhnung und Buße"
viele Seiten widmet.[185] Schon *Papst Pius XII.* hat gesagt,
daß „die Sünde des Jahrhunderts der Verlust des Gespürs
für die Sünde ist";[186] dieser Verlust aber geht einher mit
dem „Verlust des Gespürs für Gott". Im erwähnten
Schreiben lesen wir: „Gott ist tatsächlich der Ursprung
und das höchste Ziel des Menschen, und dieser trägt in
sich einen göttlichen Keim. Deshalb ist es die Wirklichkeit Gottes, die das Geheimnis des Menschen enthüllt
und beleuchtet. Es ist also vergeblich, zu hoffen, daß ein
Sündenbewußtsein gegenüber den Menschen und den
menschlichen Werten Bestand haben könnte, wenn das
Gespür für die gegen Gott begangene Beleidigung, das
heißt das wahre Sündenbewußtsein, fehlt".[187]

Darum erbittet die Kirche beständig von Gott die
Gnade, daß *der Mensch das rechte Gewissen* nicht verliere und sich sein gesundes *Gespür* für das Gute und
Böse nicht abstumpfe. Beides, Gewissenhaftigkeit und
Empfindsamkeit, sind zutiefst mit dem inneren Wirken
des Geistes der Wahrheit verbunden. Von daher erhalten die Mahnungen des Apostels eine besondere Bedeutung: „Löscht den Geist nicht aus"; „beleidigt nicht den
Heiligen Geist".[188] Vor allem aber hört die Kirche nicht
auf, mit größtem Eifer dafür zu beten, daß jene Sünde,

die das Evangelium „Lästerung gegen den Heiligen Geist" nennt, in der Welt *nicht zunehme,* sondern vielmehr in den Seelen der Menschen – und folglich in den Lebensräumen selbst und in den verschiedenen Bereichen der menschlichen Gesellschaft – zurückgehe und sich stattdessen die Gewissen öffnen, was für das heilbringende Wirken des Heiligen Geistes unerläßlich ist. Die Kirche bittet darum, daß die gefährliche Sünde gegen den Geist einer heiligen Bereitschaft weiche, seine Sendung als Beistand anzunehmen, wenn er kommt, um „die Welt zu überführen (und aufzudecken), was Sünde, Gerechtigkeit und Gericht ist".

48. Jesus hat in seiner Abschiedsrede diese *drei Teilbereiche des „Überführens"* in der Sendung des Beistandes zusammengefaßt: die Sünde, die Gerechtigkeit und das Gericht. Diese bezeichnen den Raum jenes *Geheimnisses des Glaubens,* das sich in der Geschichte des Menschen der Sünde, dem *Geheimnis der Bosheit,* entgegenstellt.[189] Nach einem Wort des heiligen Augustinus geht es hier auf der einen Seite um die „Selbstliebe bis zur Verachtung Gottes" und auf der anderen Seite um die „Liebe Gottes bis zur Verachtung seiner selbst".[190] Beständig betet und bemüht sich die Kirche in ihrem Dienst darum, daß die Geschichte des Gewissens und der Gesellschaft in der großen Menschheitsfamilie *nicht zum Pol der Sünde* abgleitet, mit der Verwerfung der göttlichen Gebote „bis zur Verachtung Gottes", sondern sich vielmehr zu jener Liebe erhebt, in der sich der Geist offenbart, „der lebendig macht".

Wer sich vom Heiligen Geist „der Sünde überführen" läßt, läßt sich auch „die Gerechtigkeit" und „das Gericht" offenlegen. Der Geist der Wahrheit, der den Menschen und ihrem Gewissen hilft, *die Wahrheit der Sünde* zu erkennen, läßt sich zugleich *die Wahrheit jener Gerechtigkeit* erkennen, die mit Jesus Christus in die Geschichte des Menschen eingetreten ist. Auf diese Weise werden diejenigen, die, „der Sünde überführt", sich durch das Wirken des Trösters bekehren, gewissermaßen aus dem Bereich des „Gerichts" herausgeführt, jenes „Gerichts", durch welches „der Herrscher dieser Welt bereits gerichtet ist".[191] Die Bekehrung bedeutet in der Tiefe ihres göttlich-menschlichen Geheimnisses das Zerreißen jeglicher Fessel, durch welche die Sünde den Menschen an das gesamte *Geheimnis der Bosheit* bindet. Wer sich bekehrt, wird also vom Heiligen Geist aus dem Bereich des „Gerichts" befreit und *zu jener Gerechtigkeit geführt,* die in Jesus Christus gegeben ist und die er besitzt, weil er sie „vom Vater empfängt"[192] als Abglanz der dreifaltigen Heiligkeit. Dies ist die Gerechtigkeit des Evangeliums und der Erlösung, die Gerechtigkeit der Bergpredigt und des Kreuzes, welche die Reinigung des Gewissens bewirkt durch das Blut des Lammes. Es ist die Gerechtigkeit, die *der Vater dem Sohn und allen* zuteil werden läßt, die *mit ihm in Wahrheit und Liebe verbunden* sind.

In dieser Gerechtigkeit offenbart sich der Heilige Geist, der Geist des Vaters und des Sohnes, welcher „die Welt der Sünde überführt", und wird im Menschen gegenwärtig als *Geist ewigen Lebens.*

Dritter Teil

Der Geist, der lebendig macht

1. Grund für das Jubiläum des Jahres 2000:
Christus, „empfangen vom Heiligen Geist"

49. *An den Heiligen Geist wenden sich Denken und*
Herz der Kirche am Ende des zwanzigsten Jahrhunderts
und im Blick auf das dritte Jahrtausend seit der Ankunft
Christi in dieser Welt, während wir auf das große Jubiläum vorausschauen, mit dem die Kirche dieses Ereignis
feiern wird. Diese Ankunft wird ja nach menschlicher
Zeitrechnung als ein Ereignis festgehalten, das zur Geschichte des Menschen auf dieser Erde gehört. Die übli-
che Zeitrechnung gibt die Jahre, Jahrhunderte und
Jahrtausende entsprechend ihrer Folge *vor* oder *nach* der
Geburt Christi an. Zugleich aber muß man sich dessen
bewußt sein, daß dieses Ereignis für uns Christen nach
dem Wort des Apostels die *„Fülle der Zeit"* [193] bedeutet,
weil in ihm die Geschichte des Menschen völlig vom
„Zeitmaß" Gottes durchdrungen wurde: von seiner transzendenten Gegenwart im ewigen *„Jetzt".* Er ist derjenige, *„der ist und der war und der kommt";* „das Alpha
und das Omega, der Erste und der Letzte, der Anfang
und das Ende".[194] „Denn *Gott hat die Welt so sehr ge-*
liebt, daß er seinen einzigen Sohn hingab, damit jeder,
der an ihn glaubt, nicht zugrunde geht, sondern *das*
ewige Leben hat".[195] *„Als aber die Zeit erfüllt war,* sandte
Gott seinen Sohn, geboren von einer Frau ..., damit wir

die Sohnschaft erlangen".[196] Und diese Fleischwerdung des Ewigen Wortes und Sohnes geschah *„durch das Wirken des Heiligen Geistes".*

Die beiden Evangelisten, denen wir den Bericht über die Geburt und Kindheit Jesu von Nazaret verdanken, drücken sich hierbei in derselben Weise aus. *Nach Lukas* fragt Maria nach der Ankündigung der Geburt Jesu: „Wie soll das geschehen, da ich keinen Mann erkenne?" Sie erhält zur Antwort: „Der Heilige Geist wird über dich kommen, und die Kraft des Höchsten wird dich überschatten. Deshalb wird auch das Kind heilig und Sohn Gottes genannt werden".[197]

Matthäus berichtet in direkter Form: „Mit der Geburt Jesu war es so: Maria, seine Mutter, war mit Josef verlobt; noch bevor sie zusammengekommen waren, zeigte sich, daß sie ein Kind erwartete – durch das Wirken des Heiligen Geistes".[198] Josef, dadurch verwirrt, empfängt im Schlaf die folgende Erklärung: „Fürchte dich nicht, Maria als deine Frau zu dir zu nehmen; denn das Kind, das sie erwartet, ist vom Heiligen Geist. Sie wird einen Sohn gebären; ihm sollst du den Namen Jesus geben; denn er wird sein Volk von seinen Sünden erlösen".[199]

Darum bekennt die Kirche von Anfang an das *Geheimnis der Menschwerdung,* dieses zentrale Geheimnis des Glaubens, *in Verbindung mit dem Heiligen Geist.* Sie spricht im Apostolischen Glaubensbekenntnis: „Empfangen vom Heiligen Geist, geboren aus Maria, der Jungfrau". Nicht anders das Bekenntnis des Nizäno-Konstantinopolitanischen Glaubensbekenntnisses: Er „hat Fleisch angenommen durch den Heiligen Geist von der Jungfrau Maria und ist Mensch geworden".

„Durch den Heiligen Geist" wurde Mensch, den die Kirche im selben Glaubensbekenntnis auch als wesensgleichen Sohn des Vaters bekennt: *„Gott von Gott,* Licht vom Licht, wahrer Gott vom wahren Gott, gezeugt, nicht geschaffen". Er wurde Mensch „im Schoß der Jungfrau Maria". Dies geschah, als „die Zeit erfüllt war".

50. Das *große Jubiläum* am Ende des zweiten Jahrtausends, auf das sich die Kirche schon vorbereitet, hat unmittelbar eine *christologische Ausrichtung:* Es geht ja um die Feier der Geburt Jesu Christi. Zugleich hat es eine *pneumatologische Ausrichtung;* denn das Geheimnis der Menschwerdung vollzog sich „durch das Wirken des Heiligen Geistes". Es wurde „gewirkt" durch jenen Geist, der – eines Wesens mit dem Vater und dem Sohn – im absoluten Geheimnis des dreieinigen Gottes die „Liebe in Person" ist, das ungeschaffene Geschenk, das die ewige Quelle allen Schenkens Gottes in der Schöpfungsordnung ist sowie unmittelbarer Ursprung und gewissermaßen Subjekt der Selbstmitteilung Gottes in der Gnadenordnung. *Das Geheimnis der Menschwerdung ist der Höhepunkt* dieses Schenkens und dieser Selbstmitteilung.

Empfängnis und Geburt Jesu Christi sind das größte vom Heiligen Geist in der Schöpfungs- und Heilsgeschichte vollbrachte Werk: die höchste Gnade – die *„Gnade der Einigung"* als Quelle jeder anderen Gnade, wie der heilige Thomas erklärt.[200] Das große Jubiläum gilt diesem Werk und auch – wenn wir es in seiner Tiefe erfassen – dem, der es gewirkt hat, der *Person des Heiligen Geistes.*

Der „Fülle der Zeit" entspricht in der Tat eine besondere Fülle der Selbstmitteilung des dreieinigen Gottes im Heiligen Geist. „Durch das Wirken des Heiligen Geistes" vollzieht sich das Geheimnis der *„hypostatischen Union",* das heißt der Vereinigung der göttlichen mit der menschlichen Natur, der Gottheit mit der Menschheit in der einzigen Person des Ewigen Wortes und Sohnes. Als Maria im Augenblick der Verkündigung ihr „fiat" spricht: „Mir geschehe, wie du es gesagt hast",[201] empfängt sie auf jungfräuliche Weise *einen Menschen*, den Menschensohn, *der Gottes Sohn ist*. In dieser „Vermenschlichung" des Wortes und Sohnes erreicht die Selbstmitteilung Gottes ihre endgültige Fülle in der Schöpfungs- und Heilsgeschichte. Diese Fülle findet einen besonders dichten und beredten Ausdruck im Johannesevangelium: „Das Wort ist Fleisch geworden".[202] Die Menschwerdung des Gottessohnes bedeutet nicht nur die Aufnahme der menschlichen Natur in die Einheit mit Gott, sondern gewissermaßen *alles dessen, was „Fleisch" ist:* der ganzen Menschheit, der ganzen sichtbaren und materiellen Welt. Die Menschwerdung hat also auch ihre kosmische Bedeutung und Dimension. Indem der „Erstgeborene der ganzen Schöpfung"[203] in diesem individuellen Menschen Christus Fleisch annimmt, vereinigt er sich gleichsam mit der ganzen Wirklichkeit des Menschen, der auch „Fleisch"[204] ist, und dadurch mit allem „Fleisch", mit der ganzen Schöpfung.

51.   All dies vollzieht sich durch das Wirken des Heiligen Geistes und gehört darum auch zum Inhalt des zukünftigen großen Jubiläums. Die Kirche kann sich darauf in keiner anderen Weise als *im Heiligen Geist* vorbereiten. Was „in der Fülle der Zeit" durch das Wirken des Heiligen Geistes geschah, kann heute nur durch sein Wirken im Gedächtnis der Kirche neu erwachen. Durch sein Wirken kann all dies Gegenwart werden in der neuen Phase der Geschichte des Menschen auf dieser Erde: im Jahr 2000 nach Christi Geburt.

Der Heilige Geist, dessen Kraft den jungfräulichen Leib *Mariens* überschattete und so in ihr den *Anfang göttlicher Mutterschaft* bewirkte, machte zur gleichen Zeit ihr Herz vollkommen gehorsam gegenüber jener Selbstmitteilung Gottes, die jeden Begriff und alle Fassungskraft des Menschen übersteigt. „Selig ist die, die geglaubt hat":[205] So wird Maria von ihrer Verwandten Elisabet begrüßt, die auch „vom Heiligen Geist erfüllt" war.[206] In den Grußworten *an jene, die „geglaubt hat"*, scheint sich ein entfernter, aber tatsächlich sehr deutlicher Kontrast zu all jenen anzudeuten, von denen Christus sagen wird, „sie haben nicht geglaubt".[207] Maria ist in die Heilsgeschichte der Welt eingetreten durch ihren Glaubensgehorsam. Der *Glaube* ist in seinem tiefsten Wesen *die Öffnung* des menschlichens Herzens gegenüber der göttlichen Gabe: *gegenüber der Selbstmitteilung Gottes im Heiligen Geist.* Der heilige Paulus schreibt: „Der Herr aber ist der Geist, und wo der Geist des Herrn wirkt, da ist Freiheit".[208] Wenn der dreieinige Gott sich dem Menschen gegenüber im Heiligen Geist eröffnet, dann offenbart und schenkt zugleich diese „Selbsteröffnung" dem Menschengeschöpf die Fülle der Freiheit. Diese Fülle fand gerade durch den Gehorsam Mariens , durch ihren „Glaubensgehorsam", einen erhabenen Ausdruck.[209] Wirklich: „Selig ist die, die geglaubt hat!"

2. Grund für das Jubiläum:
Die Gnade ist erschienen

52. Im Geheimnis der Menschwerdung erreicht *das Wirken des Geistes, „der lebendig macht"*, seinen Höhepunkt. Das Leben, das Gott in Fülle besitzt, kann nur mitgeteilt werden, wenn es zum Leben eines *Menschen* wird, wie es Christus in seiner Menschennatur ist, die durch das „Ewige Wort" in der hypostatischen Union

zur Person wird. Zugleich öffnet sich im Geheimnis der Menschwerdung auf neue Weise die *Quelle* jenes *göttlichen Lebens in der Geschichte der Menschheit:* der Heilige Geist. Das Wort, „der Erstgeborene der ganzen Schöpfung", wird zum „Erstgeborenen von vielen Brüdern";[210] und so wird es auch zum Haupt des Leibes, der die Kirche ist, welche am Kreuz geboren und am Pfingsttag offenbar wird – und durch die Kirche zum Haupt der Menschheit: der Menschen aller Völker und Rassen, aller Länder und Kulturen, Sprachen und Kontinente, die alle zum Heil berufen sind. „Das Wort ist Fleisch geworden, (jenes Wort, in dem) *das Leben war*, und das Leben war das Licht der Menschen ... *Allen* aber, die es aufnahmen, *gab er Macht, Kinder Gottes zu werden*".[211] All dies geschah und geschieht ständig „durch das Wirken des Heiligen Geistes".

„Söhne Gottes" sind nach der Lehre des Apostels „alle, *die sich vom Geist Gottes leiten lassen*".[212] Die Sohnschaft durch göttliche Annahme an Kindes Statt entsteht in den Menschen aus dem Geheimnis der Menschwerdung, also wegen Christus, des ewigen Sohnes. Die Geburt oder *Wiedergeburt* aber erfolgt, *wenn Gott „den Geist seines Sohnes in unser Herz sendet*".[213] Denn dann „empfangen wir den Geist , der uns zu Söhnen macht, den Geist, in dem wir rufen: Abbà, Vater!"[214] Darum ist diese Sohnschaft Gottes, die der menschlichen Seele durch die heiligmachende Gnade eingestiftet wird, das Werk des Heiligen Geistes. „So bezeugt der Geist selber unserem Geist, daß wir *Kinder Gottes* sind. Sind wir aber Kinder, dann auch Erben; wir sind *Erben Gottes und Miterben Christi*".[215] Die heiligmachende Gnade ist im Menschen Ursprung und Quelle des neuen Lebens: des göttlichen, übernatürlichen Lebens.

Die Verleihung dieses neuen Lebens ist wie eine endgültige Antwort auf das Gebet des Psalmisten, in welchem gleichsam die Stimme aller Geschöpfe widerhallt: „Du sendest deinen Geist aus, so werden sie alle erschaffen, und du erneuerst das Antlitz der Erde".[216] Derjenige, der im Schöpfungsgeheimnis dem Menschen und dem Kosmos *das Leben gibt* in seinen vielfältigen sichtbaren und unsichtbaren Formen, *erneuert* es durch das Geheimnis der Menschwerdung. So wird die Schöpfung durch die Menschwerdung vervollkommnet und seither von Kräften der Erlösung durchdrungen, die die Menschheit und alles Geschaffene erfassen. So sagt es uns der heilige Paulus, dessen kosmisch-theologische Vision die Stimme des alten Psalmes aufzunehmen scheint: Die ganze Schöpfung „wartet sehnsüchtig auf das Offenbarwerden der Söhne Gottes",[217] derjenigen nämlich, die er „im voraus erkannt hat" und so auch „dazu bestimmt, an Wesen und Gestalt seines Sohnes teilzuhaben".[218] So ergibt sich für die Menschen eine übernatürliche „Annahme an Sohnes Statt", deren Ursprung der Heilige Geist ist, als göttliche Liebe und Gabe. *Als solcher wird er den Menschen geschenkt.* Und in der *Überfülle der ungeschaffenen Gabe* hat im Herzen jedes Menschen jene besondere *geschaffene Gabe* ihren Anfang, durch welche die Menschen „an der göttlichen Natur Anteil erhalten".[219] So wird das Leben des Menschen durch Teilhabe vom göttlichen Leben durchwirkt und erhält dadurch auch selbst eine göttliche, übernatürliche Dimension. In diesem *neuen Leben* als Teilhabe am Geheimnis der Menschwerdung „haben die Menschen ... im Heiligen Geist Zugang zum Vater".[220] Es gibt also eine enge Beziehung *zwischen dem Heiligen Geist,* der lebendig macht, *und der heiligmachenden Gnade* sowie der daraus folgenden *übernatürlichen Lebenskraft* im Menschen: zwischen dem ungeschaffenen Geist und dem geschaffenen menschlichen Geist.

53. *Dies alles,* so kann man sagen, gehört in den Rahmen des erwähnten *großen Jubiläums.* Man muß also die geschichtliche Dimension des nur oberflächlich betrachteten Geschehens überschreiten. Es gilt vielmehr, im christologischen Gehalt dieses Geschehens die pneumatologische Dimension zu erfassen, indem man das *zweitausendjährige Wirken des Geistes der Wahrheit* mit den Augen des Glaubens betrachtet; dieser Geist hat durch die Jahrhunderte hin aus dem Schatz der Erlösung Christi geschöpft, indem er den Menschen das neue Leben gibt, in ihnen die Annahme als Söhne Gottes im eingeborenen Sohn wirkt und sie heiligt, so daß sie in das Wort des heiligen Paulus einstimmen können: „Wir haben den Geist Gottes empfangen".[221]

Wenn man diesem Motiv des Jubiläums folgt, kann man sich jedoch nicht nur auf die 2000 Jahre seit Christi Geburt beschränken. *Man muß weiter zurückgehen* und das ganze Wirken des Heiligen Geistes vor Christus in den Blick nehmen – sein Wirken *von Anfang an,* in der ganzen Welt und vor allem in der Heilsordnung des Alten Bundes. Dieses Wirken an jedem Ort und in jeder Zeit, ja in jedem Menschen geschah nämlich nach dem ewigen Heilsplan, durch den es mit dem Geheimnis der Menschwerdung und Erlösung eng verbunden ist, das sich aber schon auf jene ausgewirkt hat, die an den kommenden Christus glaubten. Das ist in besonderer Weise im Brief an die Epheser bezeugt.[222] Die Gnade hat daher einen christologischen und zugleich pneumatologischen Charakter, der sich vor allem in jenen bewahrheitet, die sich ausdrücklich zu Christus bekennen: „Durch ihn (in Christus) habt ihr das Siegel des verheißenen Heiligen Geistes empfangen .... Der Geist ist der erste Anteil des Erbes, das wir erhalten sollen, der Erlösung, durch die wir Gottes Eigentum werden".[223]

Im Blick auf das große Jubiläum müssen wir sodann *noch weiter* ausholen, weil wir wissen, daß „der Wind weht, wo er will", wie Jesus im Gespräch mit Nikodemus[224] anschaulich sagt. Das II. Vatikanische Konzil, das sich vor allem auf das Thema der Kirche konzentriert hat, erinnert uns an das Wirken des Heiligen Geistes *„auch außerhalb" des sichtbaren Leibes der Kirche*. Das Konzil spricht ausdrücklich von „allen Menschen guten Willens, in deren Herzen die Gnade unsichtbar wirkt. Da nämlich Christus für alle gestorben ist und da es in Wahrheit nur *eine* letzte Berufung des Menschen gibt, die göttliche, müssen wir festhalten, daß der Heilige Geist allen die Möglichkeit anbietet, diesem österlichen Geheimnis ein einer Gott bekannten Weise verbunden zu sein".[225]

54. „Gott ist Geist, und alle, die ihn anbeten, müssen *im Geist und in der Wahrheit* anbeten".[226] Diese Worte stammen aus einem anderen Gespräch Jesu, bei der Begegnung mit der Frau aus Samaria. Das große Jubiläum, das am Ende dieses Jahrtausends und am Beginn des nächsten gefeiert wird, muß ein machtvoller Aufruf an alle werden, die „Gott im Geist und in der Wahrheit anbeten". Es muß für alle zu einem besonderen Anlaß werden, sich auf das Geheimnis des dreieinigen Gottes zu besinnen, der als solcher die Welt, besonders die sichtbare Welt, völlig übersteigt: ist er doch absoluter Geist – „Gott ist Geist".[227] Zugleich ist er aber auf wunderbare Weise dieser *Welt* nicht nur *nahe,* sondern in ihr *gegenwärtig* und ihr in gewissem Sinne *immanent;* er durchdringt und belebt sie von innen her. Das gilt vor allem für den Menschen: Gott ist im Innersten seines Seins gegenwärtig, in seinem Denken, Gewissen und Herzen; eine psychologische und ontologische Wirklichkeit, bei

deren Betrachtung der heilige Augustinus von Gott sagt: „Interior intimo meo" – „Mir näher als mein Innerstes selbst".[228] Diese Worte helfen uns, die Antwort Jesu an die Samariterin besser zu verstehen: „Gott ist Geist". Nur der Geist kann mir *innerlicher sein, als ich mir selbst bin,* sowohl seinsmäßig wie auch in der geistlichen Erfahrung; nur der Geist kann derart dem Menschen und der Welt immanent sein, ohne jegliche Beeinträchtigung oder Veränderung seiner absoluten Transzendenz.

Auf neue und sichtbare Weise hat sich die göttliche Gegenwart in der Welt und im Menschen aber in Jesus Christus offenbart. In ihm ist wahrhaft „die Gnade Gottes erschienen".[229] Die Liebe Gottes, des Vaters, göttliche Gabe, unbegrenzte Gnade, Ursprung des Lebens, ist in Christus offenbar geworden und ist nun in seiner Menschheit „Teil" des Alls, des Menschengeschlechtes und der Geschichte. Dieses „Erscheinen" der Gnade durch Jesus Christus in der Geschichte des Menschen vollzog sich durch das Wirken des Heiligen Geistes, welcher *der Ursprung jeglichen Heilshandelns Gottes in der Welt* ist; er, der „verborgene Gott",[230] der als Liebe und Gabe „den Erdkreis erfüllt".[231] Das ganze Leben der Kirche, das sich in der Feier des großen Jubiläums bezeugen wird, bedeutet, dem verborgenen Gott entgegenzugehen, bedeutet, dem Geist zu begegnen, der lebendig macht.

3. *Der Heilige Geist im inneren Konflikt des Menschen*

55. Leider ergibt sich aus der Heilsgeschichte, daß jenes Nahekommen und Gegenwärtigwerden Gottes gegenüber dem Menschen und der Welt, jenes wunderbare

„Sichherablassen" des Geistes in unserer menschlichen Wirklichkeit auf *Widerstand und Ablehnung* stößt. Wie beredt sind in dieser Hinsicht die prophetischen Worte des greisen Simeon, der in Jerusalem „vom Geist in den Tempel geführt wurde", um vor dem neugeborenen Kind von Betlehem zu verkünden, daß dieser „dazu bestimmt ist, daß in Israel viele durch ihn zu Fall kommen und viele aufgerichtet werden, und er ein *Zeichen* sein wird, *dem wiedersprochen wird*".[232]

Der Gegensatz zu Gott, der unsichtbarer Geist ist, ergibt sich in gewissem Maße schon auf der Ebene der grundsätzlichen Verschiedenheit der Welt von ihm, das heißt aus ihrer „Sichtbarkeit" und „Stofflichkeit" im Vergleich zu ihm, der „unsichtbar" und „absoluter Geist" ist; aus ihrer wesensmäßigen und unvermeidlichen Unvollkommenheit im Vergleich zu ihm, dem vollkommensten Sein. Der Gegensatz aber wird zum Konflikt, zur Auflehnung im ethischen Bereich, durch jene *Sünde,* die sich des *menschlichen Herzens* bemächtigt, in dem „das Begehren des Fleisches sich gegen den Geist richtet, das Begehren des Geistes aber gegen das Fleisch".[233] Dieser Sünde muß der Heilige Geist „die Welt überführen", wie wir schon gesagt haben.

Der heilige Paulus ist derjenige, der die Spannung und den Kampf im menschlichen Herzen in besonders beredter Weise beschreibt. „Darum sage ich", so lesen wir im Brief an die Galater: *„Laßt euch vom Geist leiten, dann werdet ihr das Begehren des Fleisches nicht erfüllen. Denn das Begehren des Fleisches richtet sich gegen den Geist, das Begehren des Geistes aber gegen das Fleisch;* beide stehen sich als Feinde gegenüber, so daß ihr nicht imstande seid, das zu tun, was ihr wollt".[234] Schon im Menschen als einem aus Geist und Körper *zusammengesetzten* Wesen besteht eine gewisse Spannung, ein gewisser Richtungskampf zwischen dem „Geist" und dem „Fleisch". Dieser aber gehört in Wirklichkeit zum Erbe der Sünde; er ist deren Folge und zugleich deren Bestätigung. Er gehört zur täglichen Erfahrung. So schreibt der Apostel: „Die *Werke des Fleisches* sind deutlich erkennbar: Unzucht, Unsittlichkeit, ausschweifendes Leben, ... Trink- und Eßgelage und ähnliches mehr". Es sind Sünden, die man als „fleischlich" bezeichnen könnte. Der Apostel aber fügt noch andere hinzu: „Feindschaften, Streit, Eifersucht, ... Spaltungen, Parteiungen, Neid".[235] Dies alles sind „Werke des Fleisches".

Diesen Werken, die zweifellos böse sind, stellt Paulus aber „die Frucht des Geistes" gegenüber, wie „Liebe, Freude, Friede, Langmut, Freundlichkeit, Güte, Treue, Sanftmut und Selbstbeherrschung".[236] Aus dem Zusammenhang ergibt sich deutlich, daß es dem Apostel nicht darum geht, den Körper zu diskriminieren und zu verurteilen, der zusammen mit der Geistseele die Natur des Menschen und seine personale Subjektivität bildet; er handelt vielmehr von den *Werken* oder besser von den habituellen Verhaltensweisen – Tugenden und Lastern –, die sittlich *gut oder böse* sind als *Frucht der Unterordnung* (im ersten Fall) oder *des Widerstandes* (im zweiten) *gegen das Heilswirken des Heiligen Geistes.* Deshalb schreibt der Apostel: „Wenn wir aus dem Geist leben, dann wollen wir dem Geist auch folgen".[237] Und an anderer Stelle: „Denn alle, die vom Fleisch bestimmt sind, trachten nach dem, was dem Fleisch entspricht, alle, die vom Geist bestimmt sind, nach dem, was dem Geist entspricht"; „ihr aber seid... vom Geist bestimmt, da ja der Geist Gottes in euch wohnt".[238] Der Gegensatz, den der heilige Paulus zwischen dem Leben „nach dem Geist" und dem Leben „nach dem Fleisch" feststellt, verursacht einen weiteren Gegensatz: den *zwischen „Leben" und*

„*Tod*". „Das Trachten des Fleisches führt zum Tod, das Trachten des Geistes aber zu Leben und Frieden"; von daher die Mahnung: „Wenn ihr nach dem Fleisch lebt, müßt ihr sterben; wenn ihr aber durch den Geist die (sündigen) Taten des Leibes tötet, werdet ihr leben".[239]

Gut zu beachten ist, daß dies eine *Mahnung* ist, *in der Wahrheit zu leben,* das heißt nach den Geboten des rechten Gewissens, und zugleich ein Bekenntnis des Glaubens an den Geist der Wahrheit als den, der lebendig macht. Der Leib nämlich ist „tot aufgrund der Sünde, der Geist aber ist Leben aufgrund der Gerechtigkeit ... Wir sind also *nicht dem Fleisch verpflichtet ...,* so daß wir nach dem Fleisch leben müßten".[240] Wir sind vielmehr *Christus* verpflichtet, der im Ostergeheimnis unsere Rechtfertigung gewirkt hat, indem er uns den Heiligen Geist erlangt hat: „Denn um einen teuren Preis seid ihr erkauft worden".[241]

In den Texten des heiligen Paulus überlagern sich – und durchdringen sich gegenseitig – die *ontologische Dimension* (das Fleisch und der Geist), die *ethische* (das sittlich Gute und Böse), die *pneumatologische* (das Wirken des Heiligen Geistes *in der Gnadenordnung*). Seine Worte (besonders im Römer- und Galaterbrief) lassen uns die Größe jener Spannung und jenes Kampfes lebendig empfinden, der im Menschen zwischen der Öffnung gegenüber dem Wirken des Heiligen Geistes und dem Widerstand und der Auflehnung gegen ihn, gegen sein Heilsangebot, stattfindet. Die entgegengesetzten Begriffe oder Pole sind von seiten des Menschen seine Begrenztheit und Sündhaftigkeit, neuralgische Punkte seiner psychologischen und ethischen Wirklichkeit; von seiten Gottes des *Geheimnis des Geschenkes,* jenes ununterbrochene Sichschenken des göttlichen Lebens im Heiligen Geist. Wer wird den Sieg davontragen? Derjenige, der das Geschenk anzunehmen versteht.

56. Der Widerstand gegen den Heiligen Geist, den der heilige Paulus in der *inneren und subjektiven Dimension* als Spannung, Kampf und Auflehnung im menschlichen Herzen unterstreicht, findet leider in den verschiedenen Geschichtsepochen und besonders in unserer modernen Zeit auch ihre *äußere Dimension*, indem er sich als Inhalt der Kultur und der Zivilisation, *als philosophisches System, als Ideologie,* als Aktions- und Bildungsprogramm für das menschliche Verhalten konkretisiert. Dieser Widerstand findet seinen höchsten Ausdruck im *Materialismus,* sei es in seiner theoretischen Form, als Gedankensystem, sei es in seiner praktischen Form, als Methode der Interpretation und Bewertung der Tatsachen sowie als Programm eines entsprechenden Verhaltens: Das System, das diese Denkweise, Ideologie und Praxis am meisten entwickelt und zu den äußersten praktischen Konsequenzen geführt hat, ist der dialektische und historische Materialismus, der noch immer als die Lebenssubstanz des Marxismus gilt.

Grundsätzlich und de facto *schließt* der Materialismus die *Gegenwart und das Wirken Gottes,* der Geist ist, in der Welt und vor allem im Menschen *aus;* und zwar aus dem Hauptgrund, *weil er dessen Existenz leugnet,* da er von seinem Wesen und Programm her ein atheistisches System ist. Es ist das beeindruckende Phänomen unserer Zeit, dem das II. Vatikanische Konzil einige bezeichnende Seiten gewidmet hat: der Atheismus.[242] Wenn man auch vom Atheismus nicht auf univoke Weise sprechen noch ihn ausschließlich auf die materialistische Philosophie reduzieren kann, da es verschiedene Arten von Atheismus gibt und man vielleicht sagen kann, daß dieser Begriff oft in einem mehrdeutigen Sinn gebraucht wird, so ist doch sicher, daß *ein wirklicher und echter Materialismus,* verstanden als Theorie, die die Wirklichkeit erklärt, und angewandt als Grundprinzip des persönlichen und gesellschaftlichen Handelns, einen *atheistischen Charakter hat. Der Horizont der Werte und Zielsetzungen* des Handelns, den dieser aufweist, ist eng mit der Interpretation der Gesamtwirklichkeit als „Materie" verbunden. Wenn er auch manchmal, wie zum Beispiel im Bereich der Kultur und der Moral, von „Geist" und von „Fragen des Geistes" spricht, dann tut er das nur, insofern er gewisse Fakten als Folgeerscheinungen (Phänomene) der Materie betrachtet, die nach diesem System die einzige und ausschließliche Seinsweise darstellt. Daraus folgt, daß nach einer solchen Interpretation die Religion nur als eine „idealistische Illusion" verstanden werden kann, die es in der nach den jeweiligen Orten und geschichtlichen Umständen geeignetsten Weise und mit den jeweils brauchbarsten Mitteln zu bekämpfen gilt, um sie aus der Gesellschaft und aus dem Herzen des Menschen selbst auszureißen.

Man kann deshalb sagen, daß der Materialismus die systematische und kohärente Weiterentwicklung jenes „Widerstandes" und Gegensatzes ist, den Paulus mit den Worten aufzeigt: „Das Begehren des *Fleisches* richtet sich gegen den Geist". Diese Konfliktsituation ist aber beiderseitig, wie der Apostel im zweiten Teil seiner Aussage hervorhebt: „Das Begehren des Geistes aber richtet sich gegen das Fleisch". Wer nach dem Geist leben möchte, in der Annahme und im Einklang mit seinem Heilswirken, muß notwendig die inneren und äußeren Neigungen und Forderungen des „Fleisches", auch in seiner ideologischen und geschichtlichen Erscheinungsform des religionsfeindlichen „Materialismus", zurückweisen. Vor

diesem Hintergrund, der für unsere Zeit so kennzeich-
nend ist, muß man bei den Vorbereitungen auf das große
Jubiläum das „Begehren des Geistes" hervorheben als
fordernde Rufe, die in der Nacht eines neuen Advents
erschallen, an dessen Ende wie vor zweitausend Jahren
„alle Menschen das Heil sehen, das von Gott kommt".[243]
Das ist eine Möglichkeit und eine Hoffnung, welche die
Kirche den Menschen von heute anvertraut. Sie weiß,
daß der Zusammenstoß zwischen dem „Begehren gegen
den Geist", *das so viele Aspekte der modernen Zivilisation kennzeichnet,* besonders in einigen Bereichen, und
dem „Begehren gegen das Fleisch" mit dem Kommen
Gottes, mit seiner Menschwerdung und seinem stets
neuen Sichmitteilen im Heiligen Geist in vielen Fällen
einen dramatischen Charakter annehmen und vielleicht
zu neuen menschlichen Niederlagen führen kann. Sie
glaubt aber fest, daß es sich von seiten Gottes immer um
ein heilbringendes Sichmitteilen, um ein heilsames
Kommen und ein erlösendes „Offenlegen der Sünde"
durch das Wirken des Geistes handelt.

57. In der paulinischen Gegenüberstellung von
„Geist" und „Fleisch" ist auch der Gegensatz zwischen
„Leben" und „Tod" enthalten. Ein schwerwiegendes Pro-
blem, zu dem sofort zu sagen ist, daß der Materialismus
als Gedankensystem in allen seinen Formen die *Annahme des Todes* als endgültigen *Endes der menschlichen Existenz* bedeutet. Alles, was materiell ist, ist
vergänglich, und deswegen ist der menschliche Körper
(sofern „animalisch") sterblich. Wenn der Mensch in seinem Wesen nur „Fleisch" ist, bleibt der Tod für ihn un-
überwindliche Grenze und endgültiges Ende. So kann
man verstehen, wie man sagen kann, daß das menschliche Leben ausschließlich ein „Sein zum Sterben" ist.

Man muß hinzufügen, daß am Horizont der heutigen Zivilisation – besonders in der technisch-wissenschaftlich am höchsten entwickelten – die Zeichen und Hinweise auf den Tod besonders häufig anzutreffen sind. Es genügt an den Rüstungswettlauf und an die darin enthaltene Gefahr einer nuklearen Selbstzerstörung zu denken. Andererseits ist die schwierige Lage in weiten Gebieten auf unserem Planeten, die von Not und Hungertod gekennzeichnet sind, allen immer bewußter geworden. Es geht dabei nicht nur um wirtschaftliche, sondern auch und vor allem um ethische Probleme. Aber am Horizont unserer Zeit verdichten sich noch finsterere „Zeichen des Todes": Es hat sich die Sitte verbreitet – die an einigen Orten fast eine Institution zu werden droht –, den menschlichen Wesen, noch bevor sie geboren werden oder bevor sie zur natürlichen Grenze des Todes gelangt sind, das Leben zu nehmen. Ferner sind trotz vieler ehrlicher Anstrengungen für den Frieden neue Kriege ausgebrochen und im Gange, die Hunderttausenden von Menschen das Leben oder die Gesundheit rauben. Und wie könnte man die Attentate auf das menschliche Leben von seiten des Terrorismus vergessen, der auch auf internationaler Ebene organisiert ist?

Dies ist leider nur ein partieller und unvollständiger Überblick über das *Bild des Todes,* das sich in *unserer Epoche* darbietet, während wir uns immer mehr dem Ende des zweiten christlichen Jahrtausends nähern. Steigt nicht aus den dunklen Schatten der materialistischen Zivilisation und vor allem von jenen „Zeichen des Todes", die im soziologisch-geschichtlichen Rahmen, in dem diese sich verwirklicht, immer zahlreicher werden, vielleicht ein neuer, mehr oder weniger bewußter Ruf nach dem Geist auf, der lebendig macht? In jedem Fall bleibt auch unabhängig vom Ausmaß der menschlichen

Hoffnung oder Verzweiflung sowie der Illusionen oder der Täuschungen, die sich aus der Entwicklung der materialistischen Gedanken und Lebenssysteme ergeben, die christliche Gewißheit, daß „der Geist weht, wo er will", und daß wir „die Erstlingsgabe des Geistes" besitzen. Auch wir können den Leiden der vergänglichen Zeit unterworfen werden, aber *„wir seufzen in unserem Herzen und warten … auf die Erlösung unseres Leibes",*[244] das heißt unseres ganzen menschlichen Seins, körperlich und geistig. Wir seufzen, gewiß, aber in einer Erwartung voll unvergänglicher Hoffnung, weil sich gerade diesem menschlichen Wesen Gott genähert hat, der Geist ist. Gott Vater sandte „seinen Sohn in der Gestalt des Fleisches, das unter der Macht der Sünde steht, zur Sühne für die Sünde, um … die Sünde zu verurteilen".[245] Auf dem Höhepunkt des Ostergeheimnisses ist der Sohn Gottes, der für die Sünden der Welt Mensch geworden und gekreuzigt worden ist, nach seiner Auferstehung in der Mitte seiner Apostel erschienen, hat sie angehaucht und ihnen gesagt: „Empfanget den Heiligen Geist". *Dieses „Hauchen" setzt sich für immer fort.* Und siehe, *„der Geist nimmt sich unserer Schwachheit an".*[246]

4. Der Heilige Geist bei der Stärkung des „inneren Menschen"

58.   Das Geheimnis der Auferstehung und des Pfingstgeschehens wird von der Kirche verkündet und gelebt, die das Zeugnis der Apostel über die Auferstehung Jesu Christi als Erbe empfangen hat und fortsetzt. Sie ist die fortwährende Zeugin dieses Sieges über den Tod, der die Macht des Heiligen Geistes offenbart und sein neues Kommen, seine neue Gegenwart in den Menschen und

in der Welt bestimmt hat. Denn in der Auferstehung Christi hat der Heilige Geist, der Beistand, sich vor allem als derjenige offenbart, der lebendig macht: „Der Christus Jesus von den Toten auferweckt hat, wird auch euren sterblichen Leib lebendig machen, durch den Geist, der in euch wohnt".[247] *Im Namen der Auferstehung Christi verkündet die Kirche das Leben,* das sich über die Grenze des Todes hinaus bezeugt hat, das Leben, das stärker ist als der Tod. Gleichzeitig verkündet sie *denjenigen, der dieses Leben schenkt:* den Geist, den *Lebensspender;* sie verkündet ihn und wirkt mit ihm zusammen in der Vermittlung des Lebens. Denn wenn „der Leib tot ist aufgrund der Sünde, ist der Geist Leben aufgrund der Gerechtigkeit",[248] die von dem gekreuzigten und auferstandenen Christus gewirkt worden ist. Im Namen der Auferstehung Christi dient die Kirche dem Leben, das aus Gott selbst hervorgeht, in enger Einheit und demütigem Dienst mit dem Geist.

Gerade durch diesen Dienst *wird der Mensch auf immer neue Weise der „Weg der Kirche",* wie ich schon in der Enzyklika über Christus, den Erlöser, gesagt habe [249] und nun in dieser über den Heiligen Geist wiederhole. Vereint mit dem Geist ist sich die Kirche mehr als jeder andere der Wirklichkeit des *inneren Menschen* bewußt; dessen, was im Menschen tiefer und wesentlicher, *weil geistig und unvergänglich,* ist. Auf dieser Ebene senkt der Geist die „Wurzel der Unsterblichkeit"[250] ein, aus der das neue Leben entsteht: das heißt das Leben des Menschen in Gott, das sich als Frucht der heilswirkenden Selbstmitteilung Gottes im Heiligen Geist nur unter dessen Wirken entfalten und stärken kann. Deshalb wendet sich der Apostel für die Gläubigen an Gott und erklärt ihnen: „Ich beuge meine Knie vor dem Vater ... und bitte, er möge euch ... schenken, *daß ihr in eurem*

*Innern durch seinen Geist an Kraft und Stärke zu-
nehmt*".[251]

Unter dem Einfluß des Heiligen Geistes reift und er-
starkt dieser innere, daß heißt „geistige" Mensch. In der
Selbstmitteilung Gottes begegnet der menschliche Geist,
der nur „die Geheimnisse des Menschen kennt", dem
„Geist, der alles, auch die Tiefen Gottes, ergründet".[252]
In diesem Geist, der das ewige Geschenk ist, *öffnet sich
der dreieinige Gott dem Menschen,* dem menschlichen
Geist. Das verborgene Hauchen des göttlichen Geistes
bewirkt, daß der menschliche Geist sich seinerseits der
heilbringenden und heiligmachenden Selbsteröffnung
Gottes öffnet. Durch das Geschenk der Gnade, die vom
Geist kommt, tritt der Mensch *in „ein neues Leben"* ein,
wird er in die übernatürliche Wirklichkeit des göttlichen Lebens selbst eingeführt und wird zur „Wohnung
des Heiligen Geistes", zum „lebendigen Tempel Gottes".[253] Denn durch den Heiligen Geist kommen der Vater und der Sohn zu ihm und nehmen Wohnung bei
ihm.[254] In der gnadenhaften Gemeinschaft mit der Dreifaltigkeit erweitert sich der „Lebensraum" des Menschen, indem er auf die übernatürliche Ebene des
göttlichen Lebens erhöht wird. *Der Mensch lebt in Gott
und aus Gott:* er lebt „nach dem Geist" und „trachtet
nach dem, was dem Geist entspricht".

59.   Die innige Beziehung mit Gott im Heiligen Geist
läßt den Menschen auf neue Weise auch sich selber, sein
eigenes Menschsein, verstehen. So wird jenes Bild und
Gleichnis Gottes voll verwirklicht, das der Mensch seit
Anfang an ist.[255] Diese innere Wahrheit des menschlichen Seins muß im Licht dessen, der der Prototyp für das
Verhältnis mit Gott ist, ständig neu entdeckt werden
und in ihm auch die Wahrheit des „vollkommenen Sich-

findens durch die aufrichtige Hingabe seiner selbst" zusammen mit den anderen Menschen, wie das II. Vatikanische Konzil schreibt: gerade aufgrund der göttlichen
Ebenbildlichkeit, die „offenbar macht, daß der Mensch
... auf Erden die einzige von Gott um ihrer selbst willen
gewollte Kreatur ist" in ihrer Würde als Person, die zugleich aber offen ist für die gesellschaftliche Ergänzung
und Gemeinschaft.[256] Die konkrete Kenntnis und volle
Verwirklichung dieser Wahrheit des Seins erfolgen *nur
durch das Wirken des Heiligen Geistes.* Der Mensch
lernt diese Wahrheit von Jesus Christus und verwirklicht sie im eigenen Leben durch das Wirken des Geistes,
den er selber uns gegeben hat.

Auf diesem Weg – auf dem Weg einer solchen inneren
Reifung, die die volle Entdeckung der tieferen Bedeutung des Menschseins einschließt – wird Gott dem Menschen zuinnerst gegenwärtig und durchdringt immer
tiefer die ganze menschliche Welt. *Der dreieinige Gott,*
der in sich selbst als transzendente Wirklichkeit eines in-
terpersonalen Geschenkes „existiert", *verwandelt, indem er sich im Heiligen Geist dem Menschen als
Geschenk mitteilt, die Welt des Menschen* von innen
her, vom Innern der Herzen und der Gewissen. Auf diesem Weg wird die Welt, die des göttlichen Geschenkes
teilhaftig geworden ist – wie das Konzil lehrt –, „immer
menschlicher, immer tiefer menschlich",[257] während in
ihr durch Herz und Gewissen der Menschen das Reich
heranreift, in dem Gott endgültig „alles in allem"[258] sein
wird: als Geschenk und Liebe. Geschenk und Liebe: dies
ist die ewige Macht der Selbsteröffnung des dreieinigen
Gottes für den Menschen und die Welt, im Heiligen
Geist.

Im Blick auf das Jahr 2000 seit der Geburt Christi geht
es darum zu erreichen, daß eine wachsende Zahl von

Menschen „sich selbst ... durch die aufrichtige Hingabe ihrer selbst vollkommen finden kann", wie der schon zitierte Satz des Konzils sagt. Unter dem Wirken des Geistes, des Beistandes, möge sich in unserer Welt jener wahre Reifungsprozeß in der Menschheit, im Leben des einzelnen und der Gemeinschaft vollziehen, für den Jesus selbst, als er „zum Vater betet, ‚daß alle eins seien ... wie auch wir eins sind' (*Joh* 17, 20–22), uns eine gewisse *Ähnlichkeit nahelegt* zwischen der Einheit der göttlichen Personen und der Einheit *der Kinder Gottes in der Wahrheit und in der Liebe*".[259] Das Konzil bekräftigt diese Wahrheit vom Menschen, und die Kirche erblickt in ihr einen besonders starken und entscheidenden Hinweis auf die eigenen apostolischen Aufgaben. Wenn nämlich der Mensch der Weg der Kirche ist, so führt dieser Weg über das ganze Geheimnis Christi als göttliches Modell des Menschen. Auf diesem Weg läßt der Heilige Geist, indem er in jedem einzelnen von uns „den inneren Menschen" stärkt, den Menschen immer besser „sich selbst finden durch die aufrichtige Hingabe seiner selbst". Man kann sagen, daß in diesen Worten der Pastoralkonstitution des Konzils *die ganze christliche Anthropologie* zusammengefaßt ist: jene Theorie und Praxis, die im Evangelium gründen, in welchem der Mensch, indem er in sich selbst die Zugehörigkeit zu Christus und in ihm die Erhöhung zum Kind Gottes entdeckt, auch seine Würde als Mensch besser versteht, gerade weil er das Subjekt des Kommens und der Gegenwart Gottes, das Subjekt der göttlichen Herablassung ist, in der die Perspektive und sogar die Wurzel für die endgültige Verherrlichung enthalten ist. Man kann also zu Recht wiederholen, daß „die Ehre Gottes der lebendige Mensch, das Leben des Menschen aber die Schau Gottes ist":[260] Der Mensch ist, indem er ein göttliches Leben lebt, die Ehre Gottes, und der Heilige Geist ist der verborgene Ausspender dieses Lebens und verleiht diese Ehre. Er ist, so sagt Basilius der Große, „einfach im Wesen, vielfältig in seinen Machterweisen ... Er breitet sich aus, ohne sich zu verzehren ... Bei denen, die fähig sind, ihn zu empfangen, ist er jedem einzelnen so gegenwärtig, als wenn dieser allein wäre, und allen zugleich schenkt der die Gnade hinreichend und vollständig".[261]

60. Wenn die Menschen unter dem Einfluß des Beistandes diese göttliche Dimension ihres Seins und ihres persönlichen und gemeinschaftlichen Lebens entdecken, sind sie in der Lage, *sich aus den verschiedenen Zwängen zu befreien,* die hauptsächlich von den materialistischen Grundlagen des Denkens, der Praxis und der entsprechenden Methoden herrühren. In unserer Zeit sind diese Faktoren bis in das Innerste des Menschen eingedrungen, in jenes Heiligtum des Gewissens, wo der Heilige Geist ununterbrochen das Licht und die Kraft des neuen Lebens gemäß der „Freiheit der Kinder Gottes" mitteilt. Die Reifung des Menschen in diesem Leben wird durch die Beeinträchtigungen und den Druck behindert, welche die in den verschiedenen Bereichen der Gesellschaft bestimmenden Strukturen und Mechanismen auf ihn ausüben. Man kann sagen, daß in vielen Fällen die gesellschaftlichen Faktoren, statt die Entfaltung und Öffnung des menschlichen Geistes zu fördern, diesen vielmehr von der eigentlichen Wahrheit seines Seins und seines Lebens entfernen – über das der Heilige Geist wacht – und ihn so dem „Herrscher dieser Welt" unterwerfen.

Das große Jubiläum des Jahres 2000 enthält also eine Botschaft der Befreiung durch das Wirken des Geistes, der allein den Menschen und Gemeinschaften helfen kann – indem er sie mit dem „Gesetz des Geistes, der in Jesus Christus lebendig macht",[262] führt –, sich aus den alten und neuen Zwängen zu befreien, wobei sie auf diese Weise das volle Maß der wahren Freiheit des Menschen entdecken und verwirklichen. Denn, so schreibt der heilige Paulus, „wo der Geist des Herrn wirkt, da ist Freiheit".[263] Diese Offenbarung der Freiheit und somit der wahren Würde des Menschen enthält für die Christen und für die Kirche in der Verfolgung – sei es in alten Zeiten oder heute – eine besondere Bedeutung: Denn die Zeugen der göttlichen Wahrheit werden dadurch ein lebendiger Beweis für das Wirken des Geistes der Wahrheit, der im Herzen und im Gewissen der Gläubigen gegenwärtig ist, und zeigen nicht selten mit ihrem Martyrium die höchste Verherrlichung der menschlichen Würde.

Auch unter den gewöhnlichen Bedingungen der Gesellschaft tragen die Christen als *Zeugen der wahren Würde des Menschen* durch ihren Gehorsam dem Heiligen Geist gegenüber zur vielfältigen „Erneuerung des Antlitzes der Erde" bei, indem sie mit ihren Brüdern zusammenarbeiten, um all das zu verwirklichen und zu vervollkommnen, was im heutigen Fortschritt der Zivilisation und Kultur, der Wissenschaft und Technik und der anderen Bereiche des menschlichen Denkens und Wirkens gut, edel und schön ist.[264] Dies tun sie als Jünger Christi, der – wie das Konzil schreibt –, „durch seine Auferstehung zum Herrn bestellt, ... schon *durch die Kraft seines Geistes* in den Herzen der Menschen dadurch wirkt, daß er nicht nur das Verlangen nach der zukünftigen Welt in ihnen weckt, sondern eben dadurch auch jene selbstlosen Bestrebungen belebt, reinigt und stärkt, durch die die Menschheitsfamilie sich bemüht, ihr eigenes Leben humaner zu gestalten und die ganze Erde diesem Ziel dienstbar zu machen".[265] So bekräftigen sie noch mehr die Größe des Menschen, der nach dem Bild und Gleichnis Gottes geschaffen worden ist, eine Größe, die im Geheimnis der Menschwerdung des Sohnes Gottes voll aufleuchtet, der „in der Fülle der Zeit" durch das Wirken des Heiligen Geistes in die Geschichte eingetreten ist und sich als wahrer Mensch offenbart hat, er, der Erstgeborene der ganzen Schöpfung; „von ihm stammt alles, und wir leben auf ihn hin".[266]

5. Die Kirche,
Sakrament der innigen Einheit mit Gott

61.   Da wir uns dem Ende des zweiten Jahrtausends nähern, das alle an die Ankunft des Wortes in der „Fülle der Zeit" erinnern und diese gleichsam neu gegenwärtigsetzen soll, möchte die *Kirche* sich noch einmal in das Wesen ihrer *gottmenschlichen Konstitution* und jener *Sendung* versenken, die es ihr erlaubt, an der messianischen Sendung Christi teilzunehmen; nach der immer gültigen Lehre und Absicht des II. Vatikanischen Konzils. Wenn wir dieser Linie folgen, können wir bis zum Abendmahlssaal zurückgehen, wo Jesus Christus den Heiligen Geist als Beistand, als Geist der Wahrheit, offenbart und von seinem eigenen „Fortgehen" durch das Kreuz als notwendiger Bedingung für dessen „Kommen" spricht: „Es ist gut für euch, daß ich fortgehe. Denn wenn ich nicht fortgehe, wird der Beistand nicht zu euch kommen; gehe ich aber, so werde ich ihn zu euch senden". [267] Wir haben gesehen, daß diese Ankündigung schon am Abend des Ostertages ihre erste Verwirklichung erfahren hat und dann erneut während der Feier

des Pfingstfestes in Jerusalem; seither erfüllt sie sich in der Geschichte der Menschheit durch die Kirche.

Im Licht dieser Ankündigung erhält auch das seine volle Bedeutung, was Jesus – ebenfalls beim Letzten Abendmahl – über *sein neues „Kommen"* gesagt hat. Es ist nämlich bezeichnend, daß er in derselben Rede nicht nur sein „Fortgehen", sondern auch sein neues „Kommen" ankündigt. Sagt er doch: „Ich werde euch nicht als Waisen zurücklassen, sondern *ich komme wieder zu euch"*.[268] Und im Augenblick seines endgültigen Abschieds vor der Himmelfahrt wiederholt er noch ausdrücklicher: „Seid gewiß: *Ich bin bei euch"*, ich bin es „alle Tage bis zum Ende der Welt".[269] Dieses neue „Kommen" Christi, sein ständiges „Kommen", um bei den Aposteln, bei der Kirche zu sein, dieses „ich bin bei euch bis zum Ende der Welt", hebt natürlich die Tatsache seines „Fortgehens" nicht auf. Es erfolgt danach, nach dem Abschluß des messianischen Wirkens Christi auf Erden und *im Zusammenhang mit* der angekündigten *Sendung des Heiligen Geistes,* und gehört zum *innersten Kern von dessen eigener Sendung.* Und so geschieht es *durch den Heiligen Geist,* der bewirkt, daß Christus, der fortgegangen ist, jetzt und immer auf eine neue Weise kommt. Dieses neue „Kommen" Christi durch das Wirken des Heiligen Geistes sowie seine ständige Gegenwart und sein stetes Handeln im geistigen Leben geschehen *in der sakramentalen Wirklichkeit.* Christus, der in seiner sichtbaren Menschheit fortgegangen ist, wird und ist in der Kirche gegenwärtig und wirkt in ihr auf solch innige Weise, daß er sie zu seinem Leib macht. Als solcher lebt, wirkt und wächst die Kirche „bis zum Ende der Welt". Dies alles geschieht durch das Wirken des Heiligen Geistes.

62. Der vollständigste sakramentale Ausdruck des „Fortgehens" Christi durch das Geheimnis von Kreuz und Auferstehung ist *die Eucharistie;* in ihr verwirklicht sich auch immer wieder in sakramentaler Weise sein „Kommen", seine heilschaffende Gegenwart: im Opfer und in der Kommunion. Sie erfolgt durch das Wirken des Heiligen Geistes, innerhalb seiner eigenen Sendung. [270] Durch die Eucharistie *verwirklicht der Heilige Geist* jene *„Stärkung des inneren Menschen",* von der der Brief an die Epheser spricht. [271] Durch die Eucharistie lernen die Personen und Gemeinschaften unter dem Wirken des Beistandes, des Trösters, den göttlichen Sinn des menschlichen Lebens zu entdecken, auf den das Konzil hingewiesen hat: jenen Sinn, durch den Jesus Christus „dem Menschen den Menschen selbst voll kundmacht", indem er „eine gewisse *Ähnlichkeit zwischen der Einheit der göttlichen Personen und der Einheit der Kinder Gottes* in der Wahrheit und in der Liebe" [272] nahelegt. Eine solche Einheit bekundet und verwirklicht sich besonders durch die Eucharistie, in der der Mensch durch die Teilnahme am Opfer Christi, der diese Feier vollzieht, auch lernt, „sich selbst zu finden ... durch die ... Hingabe seiner selbst", [273] in der Gemeinschaft mit Gott und mit den Mitmenschen, seinen Brüdern.

Deswegen hielten die ersten Christen seit den Tagen nach der Herabkunft des Heiligen Geistes fest „am Brechen des Brotes und an den Gebeten" und bildeten auf diese Weise eine durch die Lehre der Apostel geeinte Gemeinschaft. [274] So „erkannten" sie, daß ihr auferstandener Herr, der bereits in den Himmel aufgefahren war, *in jener eucharistischen Gemeinschaft* der Kirche und *durch sie* neu in ihre Mitte kam. Geführt vom Heiligen Geist hat die Kirche von Anfang an sich selbst durch die Eucharistie *ausgedrückt* und *bekräftigt.* Und so war es immer, in allen christlichen Generationen, bis in unsere Zeit, bis zu dieser Vigil der Vollendung des zweiten christlichen Jahrtausends. Gewiß, wir müssen leider feststellen, daß dieses schon fast vergangene Jahrtausend jenes der großen Spaltungen unter den Christen gewesen ist. Somit müssen sich alle, die an Christus glauben, nach dem Beispiel der Apostel mit allen Kräften darum bemühen, ihr Denken und Handeln mit dem Willen des Heiligen Geistes in Einklang zu bringen, der „das Prinzip der Einheit der Kirche" ist, [275] damit alle, die durch den einen Geist in der Taufe in einen einzigen Leib aufgenommen wurden, sich als Brüder vereint zur Feier derselben Eucharistie zusammenfinden, die „das Sakrament huldvollen Erbarmens, das Zeichen der Einheit, das Band der Liebe" ist. [276]

63. Die eucharistische Gegenwart Christi – sein sakramentales „Ich bin bei euch" – ermöglicht es der Kirche, *das eigene Geheimnis* immer tiefer zu *entdecken*, wie es die ganze Ekklesiologie des II. Vatikanischen Konzils bezeugt, für das „die Kirche ... in Christus gleichsam das Sakrament, das heißt Zeichen und Werkzeug für die innigste Vereinigung mit Gott wie für die Einheit der ganzen Menschheit" ist. [277] *Als Sakrament* entwickelt sich die Kirche vom österlichen Geheimnis des „Fortgehens" Christi her, indem sie von seinem stets neuen „Kommen" durch das Wirken des Heiligen Geistes innerhalb derselben Sendung des Geistes der Wahrheit, des Trösters, lebt. Genau dies ist das wesentliche Geheimnis der Kirche, wie es das Konzil bekennt.

Wenn Gott kraft der Schöpfung derjenige ist, in dem wir alle „leben, uns bewegen und sind", [278] bleibt und entfaltet sich *die Macht der Erlösung* ihrerseits in der Geschichte des Menschen und der Welt gleichsam in einem doppelten „Rhythmus", dessen Quelle sich im ewigen

Vater befindet. Es ist einerseits der Rhythmus *der Sendung des Sohnes,* der in die Welt gekommen ist, geboren aus der Jungfrau Maria durch das Wirken des Heiligen Geistes; andererseits ist es auch der Rhythmus *der Sendung des Heiligen Geistes,* der von Christus endgültig offenbart worden ist. Durch das „Fortgehen" des Sohnes ist der Heilige Geist gekommen und kommt fortwährend als Beistand und Geist der Wahrheit. Und im Rahmen seiner Sendung, gleichsam im innersten Raum der unsichtbaren Gegenwart des Geistes, „kommt" der Sohn, der im Ostergeheimnis „fortgegangen" war, und ist ständig *gegenwärtig im Geheimnis der Kirche;* mal verbirgt er sich, mal zeigt er sich offen in ihrer Geschichte, deren Lauf er stets bestimmt. Dies alles geschieht auf sakramentale Weise, durch das Wirken des Heiligen Geistes, der, indem er aus den Reichtümern der Erlösung Christi schöpft, fortwährend lebendig macht. Indem die Kirche sich dieses Geheimnisses immer lebendiger bewußt wird, erkennt sie sich selbst besser vor allem als Sakrament.

Das geschieht auch, weil die Kirche nach dem Willen ihres Herrn ihren *Heilsdienst* gegenüber dem Menschen *durch die verschiedenen Sakramente* vollzieht. Der sakramentale Dienst enthält jedesmal, wenn er vollzogen wird, in sich das Geheimnis des „Fortgehens" Christi durch Kreuz und Auferstehung, kraft dessen der Heilige Geist kommt. Er kommt und wirkt: „er macht lebendig". Denn die Sakramente bezeichnen die Gnade und vermitteln die Gnade: *sie bezeichnen das Leben und vermitteln das Leben.* Die Kirche ist die sichtbare Ausspenderin der heiligen Zeichen, während der Heilige Geist als unsichtbarer Ausspender des Lebens wirkt, das sie bezeichnen. Zusammen mit dem Geist ist dort gegenwärtig und handelt darin Jesus Christus.

64. Wenn die Kirche das Sakrament für die innerste Vereinigung mit Gott ist, so ist sie dies in Jesus Christus, in dem diese gleiche Vereinigung als *Heilswirklichkeit* gegenwärtig ist. Sie ist es in Jesus Christus durch das Wirken des Heiligen Geistes. Die Fülle der Heilswirklichkeit, die Christus in der Geschichte darstellt, *breitet sich* auf sakramentale Weise *in der Kraft des Geistes, des Trösters,* aus. So ist der Heilige Geist der „neue Beistand" („ein anderer Beistand"), weil durch sein Wirken die Frohe Botschaft im Gewissen und Herzen der Menschen Gestalt annimmt und sich in der Geschichte ausbreitet. In allen diesen Dimensionen macht der Heilige Geist „lebendig".

Wenn wir das Wort „Sakrament" für die Kirche gebrauchen, müssen wir uns dessen bewußt sein, daß im konziliaren Text *die Sakramentalität der Kirche* als verschieden von jener erscheint, die den Sakramenten im strengen Sinn eigen ist. Dort lesen wir: „Die Kirche ist ... *gleichsam das Sakrament,* das heißt Zeichen und Werkzeug für die innigste Vereinigung mit Gott". Was aber zählt und aus dem analogen Sinn, in dem das Wort in beiden Fällen gebraucht wird, aufleuchtet, ist die Beziehung, die die Kirche durch die Macht des Heiligen Geistes zu demjenigen hat, der allein lebendig macht: Die Kirche ist Zeichen und Werkzeug der Gegenwart und des Wirkens des lebenspendenden Geistes.

Das II. Vatikanische Konzil fügt hinzu, daß die Kirche *„das Sakrament ... für die Einheit der ganzen Menschheit"* ist. Es handelt sich hier offensichtlich um die Einheit, die das Menschengeschlecht, das in sich selbst auf vielfältige Weise differenziert ist, *von Gott und in Gott hat.* Sie wurzelt im Geheimnis der Schöpfung und erhält im Geheimnis der Erlösung eine neue Dimension im Bezug auf das universale Heil. Weil Gott will, „daß alle

Menschen gerettet werden und zur Erkenntnis der Wahrheit gelangen",[279] umfaßt die Erlösung alle Menschen und in gewissem Sinn die ganze Schöpfung. *In derselben universalen Dimension* der Erlösung wirkt kraft des „Fortgehens" Christi *der Heilige Geist.* Deshalb versteht sich die Kirche, die durch ihr eigenes Geheimnis in der trinitarischen Heilsordnung verwurzelt ist, selbst mit gutem Recht als „Sakrament ... für die Einheit der ganzen Menschheit". Sie weiß, daß sie dies ist in der Kraft des Heiligen Geistes, deren Zeichen und Werkzeug in der Verwirklichung des Heilsplanes Gottes sie darstellt.

Auf diese Weise *verwirklicht* sich die „Herablassung" der unendlichen dreifaltigen Liebe: das Kommen Gottes, der unsichtbarer Geist ist, in die sichtbare Welt. Der eine und dreifaltige Gott teilt sich dem Menschen im Heiligen Geist von Anfang an mit durch sein „Bild und Gleichnis". Unter dem Wirken desselben Geistes *nähern sich* der *Mensch* und durch ihn die geschaffene und von Christus erlöste *Welt ihrer endgültigen Bestimmung in Gott.* Für diese Annäherung der beiden Pole der Schöpfung und der Erlösung, Gott und Mensch, ist die Kirche ein „Sakrament, das heißt Zeichen und Werkzeug". Sie wirkt, um die Einheit an den Wurzeln selbst des Menschengeschlechtes wiederherzustellen und zu festigen: in der gegenseitigen Beziehung, die der Mensch mit Gott als seinem Schöpfer, Herrn und Erlöser hat. Dies ist eine Wahrheit, die wir aufgrund der Lehre des Konzils bedenken, erklären und anwenden können in der ganzen Weite ihrer Bedeutung für diese Phase des Übergangs vom zweiten zum dritten christlichen Jahrtausend. Mit Freude werden wir uns immer mehr der Tatsache bewußt, daß innerhalb des von der Kirche in der Heilsgeschichte vollzogenen Wirkens, das der Geschichte der

Menschheit eingeprägt ist, der Heilige Geist gegenwärtig und am Werk ist, der mit dem Hauch des göttlichen Lebens die irdische Pilgerschaft des Menschen durchdringt und die ganze Schöpfung – die ganze Geschichte – auf ihr letztes Ziel im unendlichen Meer Gottes ausrichtet.

6. Der Geist und die Braut sagen: „Komm!"

65. *Der göttliche Lebenshauch,* der Heilige Geist, drückt sich in seiner einfachsten und gewöhnlichsten Form *im Gebet* aus und *macht sich darin vernehmbar.* Es ist schön und heilsam, daran zu denken, daß, wo immer man in der Welt betet, der Heilige Geist, der belebende Atem des Gebetes, gegenwärtig ist. Es ist schön und heilsam zu erkennen, daß ebenso, wie das Gebet in Vergangenheit, Gegenwart und Zukunft auf der ganzen Erde verbreitet ist, auch der Heilige Geist überall gegenwärtig ist und wirkt, der das Gebet im Herzen des Menschen „haucht" in der unermeßlichen Vielfalt der verschiedensten Situationen und Umstände, die das geistige und religiöse Leben teils begünstigen, teils behindern. Oftmals steigt das Gebet unter dem Wirken des Heiligen Geistes aus dem Herzen des Menschen auf trotz der Verbote, der Verfolgungen und sogar der offiziellen Erklärungen über den areligiösen oder gar atheistischen Charakter des öffentlichen Lebens. Das Gebet bleibt immer die Stimme all derer, die scheinbar keine Stimme haben – und in dieser Stimme ertönt immer *jener „laute Schrei",* der vom Hebräerbrief Christus zugeschrieben wird. [280] Das Gebet ist auch *die Offenbarung* jenes *Abgrundes,* den das Herz des Menschen darstellt: eine Tiefe, die *von Gott* kommt und die *nur Gott ausfüllen kann,* eben *mit dem Heiligen Geist.* Bei Lukas lesen wir:

„Wenn nun schon ihr, die ihr böse seid, euren Kindern gebt, was gut ist, wieviel mehr wird der Vater im Himmel den Heiligen Geist denen geben, die ihn bitten".[281]

Der Heilige Geist ist das Geschenk, das zusammen *mit dem Gebet in das Herz des Menschen kommt.* Darin zeigt er sich zuerst und vor allem als das Geschenk, das „sich unserer Schwachheit annimmt". Es ist der großartige Gedanke, den der heilige Paulus im Römerbrief entwickelt, wenn er schreibt: „Denn wir wissen nicht, worum wir in rechter Weise beten sollen; der Geist selber tritt jedoch für uns ein mit Seufzen, das wir nicht in Worte fassen können".[282] Der Heilige Geist bewegt uns also nicht nur dazu, daß wir beten; sondern führt uns „von innen her" auch im Gebet selber, indem er unser Unvermögen ergänzt und uns von unserer Unfähigkeit, zu beten, heilt: Er ist gegenwärtig in unserem Beten und verleiht ihm eine göttliche Dimension.[283] So *„weiß Gott, der die Herzen erforscht, was die Absicht des Geistes ist: Er tritt so, wie Gott es will, für die Heiligen ein".*[284] Das Gebet wird durch das Wirken des Heiligen Geistes ein immer reiferer Ausdruck des neuen Menschen, der dadurch am göttlichen Leben teilnimmt.

Unsere schwierige Epoche bedarf in besonderer Weise des Gebetes. Wie im Laufe der Geschichte – gestern wie heute – zahlreiche Männer und Frauen Zeugnis abgelegt haben für die Wichtigkeit des Gebetes und sich vor allem in den Klöstern zum großen Nutzen der Kirche dem Gotteslob und dem Gebetsleben geweiht haben, so wächst in diesen Jahren auch die Zahl der Menschen, die in Bewegungen und immer mehr verbreiteten Gruppen dem Gebet die erste Stelle einräumen und darin geistliche Erneuerung suchen. Dies ist ein bedeutendes und trostvolles Zeichen; denn aus einer solchen Erfahrung ergibt sich ein echter Beitrag zur Belebung des Gebets unter den Gläubigen, die darin eine Hilfe finden, um im Heiligen Geist denjenigen zu erblicken, der in den Herzen eine tiefe Sehnsucht nach Heiligkeit weckt.

In vielen einzelnen Menschen und in vielen Gemeinschaften reift das Bewußtsein, daß bei allem schwindelerregenden Fortschritt der technisch-wissenschaftlichen Zivilisation, trotz der wirklichen Errungenschaften und erreichten Ziele *der Mensch bedroht ist, die Menschheit bedroht ist.* Angesichts dieser Gefahr, ja schon durch die Erfahrung der erschreckenden Wirklichkeit des geistigen Verfalls des Menschen, suchen einzelne Personen und ganze Gemeinschaften, gleichsam geführt von einem inneren Glaubenssinn, nach der Kraft, die imstande ist, den Menschen wieder aufzurichten, ihn von sich selbst zu befreien, von seinen eigenen Fehlern und Verirrungen, die oft sogar seine eigenen Errungenschaften für ihn schädlich machen. Und so entdecken sie das Gebet, in dem sich der Geist kundtut, „der sich unserer Schwachheit annimmt". Auf diese Weise bringen die Zeiten, in denen wir leben, die vielen Menschen, die zum Gebet zurückkehren, dem Heiligen Geist näher. Und ich vertraue darauf, daß alle in der Unterweisung dieser Enzyklika Nahrung für ihr inneres Leben finden; möge es ihnen unter dem Antrieb des Heiligen Geistes gelingen, ihr Beten im Einklang mit der Kirche und ihrem Lehramt kraftvoll erstarken zu lassen.

66.   Inmitten der Probleme, Enttäuschungen und Hoffnungen, des Abfalls und der Rückkehr von Gläubigen in unserer Zeit bleibt *die Kirche dem Geheimnis ihrer Geburt treu.* Wenn es eine geschichtliche Tatsache ist, daß die Kirche am Pfingsttag aus dem Abendmahlssaal ausgezogen ist, so kann man doch in einem gewissen Sinn auch sagen, daß sie ihn niemals verlassen hat. Geistig ge-

sehen gehört das Pfingstgeschehen nicht nur der Vergangenheit an: Die Kirche ist immer im Abendmahlssaal, sie trägt ihn im Herzen. Die Kirche verweilt *im Gebet,* wie die Apostel *zusammen mit Maria,* der Mutter Christi, und mit denjenigen, die in Jerusalem den ersten Kern der christlichen Gemeinde bildeten und im Gebet auf das Kommen des Heiligen Geistes warteten.

Die Kirche verharrt mit Maria im Gebet. Diese Einheit der betenden Kirche mit der Mutter Christi gehört zum Geheimnis der Kirche von Anfang an: Wir sehen sie in diesem Geheimnis gegenwärtig, wie sie im Geheimnis ihres Sohnes gegenwärtig ist. Dies sagt uns das Konzil: *„Die selige Jungfrau . . .,* vom Heiligen Geist überschattet, . . . gebar . . . einen Sohn, den Gott gesetzt hat zum Erstgeborenen unter vielen Brüdern *(Röm 8, 29),* den Gläubigen nämlich, bei deren Geburt und Erziehung sie in mütterlicher Liebe mitwirkt"; sie ist „durch ihre einzigartigen Gnaden und Gaben . . . mit der Kirche auf das innigste verbunden"; *sie ist „der Typus der Kirche".* [285] „Die Kirche wird, indem sie Marias geheimnisvolle Heiligkeit betrachtet, ihre Liebe nachahmt . . ., *auch selbst Mutter"* und bewahrt „in Nachahmung der Mutter ihres Herrn in der Kraft des Heiligen Geistes jungfräulich einen unversehrten Glauben, eine feste Hoffnung und eine aufrichtige Liebe": „Auch sie *(die Kirche)* ist Jungfrau, da sie das Treuewort, das sie dem Bräutigam gegeben hat, . . . bewahrt". [286]

Man versteht so den tiefen Sinn, warum die Kirche, vereint mit der Jungfrau und Mutter, sich ununterbrochen als Braut an ihren göttlichen Bräutigam wendet, wie die Worte der Offenbarung des Johannes bezeugen, die das Konzil zitiert: *„Der Geist und die Braut sagen zum Herrn Jesus: Komm!".* [287] Das Gebet der Kirche ist diese ununterbrochene Bitte, in der „der Geist selber für uns eintritt": In gewisser Weise spricht er sie selber aus *mit* der Kirche und *in* der Kirche. Denn der Geist ist der Kirche gegeben, damit durch seine Kraft die ganze Gemeinde des Volkes Gottes, wie verzweigt und vielfältig sie auch ist, in der Hoffnung ausharrt: in jener Hoffnung, in der „wir gerettet sind". [288] Es ist die *eschatologische Hoffnung,* die Hoffnung der endgültigen Vollendung in Gott, die Hoffnung des ewigen Reiches, das sich in der Teilnahme am dreifaltigen Leben verwirklichen wird. Der Heilige Geist, den Aposteln als Beistand gegeben, ist *Hüter und Seele dieser Hoffnung im Herzen der Kirche.*

Im Blick auf das dritte Jahrtausend nach Christus, da „der Geist und die Braut zum Herrn Jesus sagen: Kommt!", ist dieses ihr Gebet wie immer voller eschatologischer Tragweite, die dazu bestimmt ist, auch der Feier des großen Jubiläums ihre volle Bedeutung zu geben. Es ist ein Gebet, das auf die Heilsziele ausgerichtet ist, für die der Heilige Geist mit seinem Wirken durch die ganze Geschichte des Menschen auf der Erde die Herzen öffnet. Zugleich aber *richtet sich dieses Gebet auf einen ganz bestimmten Augenblick* der Geschichte, in dem die „Fülle der Zeit", auf die uns das Jahr 2000 hinweist, neu aufleuchtet. Auf dieses Jubiläum will sich die Kirche im Heiligen Geist vorbereiten, wie die Jungfrau von Nazaret, in der das Wort Fleisch geworden ist, vom Heiligen Geist vorbereitet worden ist.

Schluß

67. Wir wollen diese Überlegungen beschließen im Herzen der Kirche und im Herzen des Menschen. Der Weg der Kirche geht durch das Herz des Menschen; denn hier ist der verborgene *Ort der heilbringenden Begegnung mit dem Heiligen Geist,* mit dem verborgenen Gott. Genau hier wird der Heilige Geist zur „sprudelnden Quelle, deren Wasser ewiges Leben schenkt". [289] Hierher kommt er als Geist der Wahrheit, als Paraklet, wie er von Christus verheißen worden ist. Von hieraus wirkt er als *Tröster, Fürsprecher, Beistand* – besonders, wenn der Mensch und die Menschheit vor dem Verdammungsurteil jenes „Anklägers" stehen, von dem die Offenbarung des Johannes sagt, daß er die Brüder „bei Tag und bei Nacht vor unserem Gott verklagt". [290] Der Heilige Geist hört nicht auf, *Hüter der Hoffnung* im Herzen des Menschen zu sein: der Hoffnung aller menschlichen Geschöpfe und besonders derjenigen, die „als Erstlingsgabe den Geist haben" und „auf die Erlösung ihres Leibes warten". [291]

Der Heilige Geist setzt in seiner geheimnisvollen göttlichen Gemeinschaft mit dem Erlöser des Menschen dessen Werk kontinuierlich fort: Er nimmt von Christus und vermittelt es allen, indem er durch das Herz des Menschen fortwährend in die Geschichte der Welt eintritt. Hier wird er – wie die Sequenz der Pfingstliturgie sagt – wahrhaft zum *„Vater der Armen, Spender der Gaben, Licht der Herzen";* er wird zum *„süßen Seelengast",* den die Kirche an der Schwelle zum Herzen eines jeden Menschen beständig grüßt. Er bringt inmitten der Mühen, der Arbeit der Arme und des Verstandes des Menschen „Ruh und Geborgenheit"; er bringt „Ruhe" und „Erquickung" inmitten der Hitze des Tages, inmitten der Unruhen, der Auseinandersetzungen und Gefahren jeder Epoche; er bringt schließlich „Trost", wenn das menschliche Herz weint und zu verzweifeln versucht ist.

Deshalb ruft dieselbe Sequenz aus: „Ohne dein lebendig Wehn *kann im Menschen nichts bestehn,* kann nichts heil sein noch gesund". Nur der Heilige Geist „überführt der Sünde", des Bösen, mit dem Ziel, im Menschen und in der menschlichen Welt das Gute wiederherzustellen: um „das Angesicht der Erde zu erneuern". Deswegen wirkt er die Reinigung von allem, was den Menschen „verunstaltet", von „dem, was ihn befleckt"; er heilt auch die tiefsten Wunden der menschlichen Existenz; er verwandelt die innere Dürre der Seelen in fruchtbare Felder der Gnade und Heiligkeit. Was „verhärtet" ist, „beugt er"; was „erkaltet" ist, „wärmt er"; was „irregeht", „lenkt er" auf die Wege des Heils zurück. [292]

Indem die Kirche so betet, bekennt sie ununterbrochen ihren Glauben: *Es gibt in unserer geschaffenen Welt einen Geist, der ein ungeschaffenes Geschenk ist.* Es ist der Geist des Vaters und des Sohnes: Wie der Vater und der Sohn ist er nicht geschaffen, unermeßlich, ewig, allmächtig, Gott und Herr. [293] Dieser Geist Gottes „erfüllt das Universum", und alles, was geschaffen ist, erkennt in ihm die Quelle seiner Identität, findet in ihm seinen transzendenten Ausdruck, *wendet sich* an ihn und *er-wartet* ihn, *ruft ihn an* mit seinem eigenen Sein. Zu ihm als Beistand, als Geist der Wahrheit und der Liebe wendet sich *der Mensch, der von Wahrheit und Liebe lebt* und der ohne die Quelle der Wahrheit und der Liebe *nicht leben kann.* Zu ihm wendet sich die Kirche, die das Herz der Menschheit ist, um für alle jene Gaben der *Liebe,* die durch ihn „in unsere Herzen ausgegossen ist",[294] zu erbitten und sie an alle auszuteilen. An ihn wendet sich die Kirche auf den mühsamen Wegen der Pilgerschaft des Menschen auf Erden: Sie bittet und bittet ununterbrochen, daß die *Taten der Menschen recht-schaffen* seien aufgrund seines Wirkens; sie bittet um die *Freude* und den *Trost,* den nur er, der wahre Tröster, spenden kann, indem er in die Tiefe des menschlichen Herzens hinabsteigt;[295] sie bittet um die *Gnade der Tu-genden,* die die himmlische Herrlichkeit verdienen; sie bittet um das *ewige Heil* in der vollen Gemeinschaft des göttlichen Lebens, zu dem der Vater die Menschen, die aus Liebe als Bild und Gleichnis der Heiligsten Dreifal-tigkeit erschaffen worden sind, von Ewigkeit „vorherbe-stimmt" hat.

Die Kirche bittet mit ihrem Herzen, das alle menschli-chen Herzen insichfaßt, den Heiligen Geist um das Glück, das allein in Gott seine volle Verwirklichung fin-det: die Freude, „die *niemand nehmen kann",*[296] die Freude, die *Frucht der Liebe* und somit die Frucht Gottes ist, der die Liebe ist; sie bittet um „Gerechtigkeit, Friede und Freude im Heiligen Geist", worin nach dem heiligen Paulus das Reich Gottes besteht.[297]

Auch der *Friede ist Frucht der Liebe:* jener innere Friede, den der gehetzte Mensch in der Tiefe seines We-sens sucht; jener Friede, der von der Menschheit, von der Menschheitsfamilie, von den Völkern, von den Nationen, von den Kontinenten gefordert wird mit der bangen Hoffnung, ihn im Blick auf den Übergang vom zweiten zum dritten christlichen Jahrtausend wirklich zu erlangen. Da *der Weg zum Frieden letztlich über die Liebe führt* und darauf abzielt, eine Zivilisation der Liebe zu schaffen, heftet die Kirche ihren Blick auf den, der die Liebe des Vaters und des Sohnes ist; sie hört trotz der wachsenden Bedrohungen nicht auf zu vertrauen, sie hört nicht auf, *den Frieden für den Menschen auf Erden zu fordern und ihm zu dienen.* Ihr Vertrauen gründet sich auf denjenigen, der als Geist der Liebe auch der *Geist des Friedens* ist und nicht aufhört, in der menschlichen Welt, am Horizont der menschlichen Gewissen und Herzen gegenwärtig zu sein, um mit Liebe und Frieden „den Erdkreis zu erfüllen".

Vor ihm knie ich mich am Ende dieser Überlegungen nieder und flehe darum, daß er als Geist des Vaters und des Sohnes uns allen *den Segen und die Gnade* gewähre, die ich im Namen der Heiligsten Dreifaltigkeit den Söhnen und Töchtern der Kirche und der ganzen Menschheitsfamilie übermitteln möchte.

Gegeben zu Rom, bei Sankt Peter, am 18. Mai, dem Pfingstfest des Jahres 1986, dem achten meines Pontifikates.

Johannes Paulus PP. II.

Anmerkungen

Einleitung

[1] Joh 7, 37 f.
[2] Joh 7, 39.
[3] Joh 4, 14; vgl. II. Vatikanisches Konzil, Dogmatische Konstitution über die Kirche Lumen gentium, 4.
[4] Vgl. Joh 3, 5.
[5] Vgl. Leo XIII., Enzyklika Divinum illud munus (9. Mai 1897): Acta Leonis, 17 (1898) 125–148; Pius XII., Enzyklika Mystici Corporis (29. Juni 1943): AAS 35 (1943) 193–248.
[6] Generalaudienz vom 6. Juni 1973: Insegnamenti di Paolo VI, XI (1973) 477.
[7] Meßbuch, S. 324; vgl. 2 Kor 13, 13.
[8] Joh 3, 17.
[9] Phil 2, 11.
[10] Vgl. II. Vatikanisches Konzil, Dogmatische Konstitution über die Kirche Lumen gentium, 4; Johannes Paul II., Ansprache an die Teilnehmer des Internationalen Kongresses für Pneumatologie (26. März 1982), 1: Insegnamenti V/1 (1982) 1004.
[11] Vgl. Joh 4, 24.
[12] Vgl. Röm 8, 22; Gal 6, 15.
[13] Vgl. Mt 24, 35.
[14] Joh 4, 14.
[15] II. Vatikanisches Konzil, Dogmatische Konstitution über die Kirche Lumen gentium, 17.

Erstes Kapitel

[16] ἄλλον παράκλητον: Joh 14, 16.
[17] Joh 14, 13.16 f.
[18] Vgl. 1 Joh 2, 1.
[19] Joh 14, 26.
[20] Joh 15, 26 f.
[21] Vgl. 1 Joh 1, 1–3; 4, 14.
[22] „Das von Gott Geoffenbarte, das in der Heiligen Schrift enthalten ist und vorliegt, ist unter dem Anhauch des Heiligen Geistes aufgezeichnet worden", und darum muß diese Heilige Schrift „in dem Geist gelesen und ausgelegt werden, in dem sie geschrieben wurde": II. Vati-

kanisches Konzil, Dogmatische Konstitution über die göttliche Offenbarung Dei verbum, 11. 12.

[23] Joh 16,12 f.

[24] Apg 1,1.

[25] Joh 16,14.

[26] Joh 16,15.

[27] Joh 16,7 f.

[28] Joh 15,26.

[29] Joh 14,16.

[30] Joh 14,26.

[31] Joh 15,26.

[32] Joh 14,16.

[33] Joh 16,7.

[34] Vgl. Joh 3,16f., 34; 6,57; 17,3.18.23.

[35] Mt 28,19.

[36] Vgl. 1 Joh 4,8.16.

[37] 1 Kor 2,10.

[38] Vgl. Thomas von Aquin, Summa Theol., Iª, qq. 37–38.

[39] Röm 5,5.

[40] Joh 16,14.

[41] Gen 1,1 f.

[42] Gen 1,26.

[43] Röm 8,19–22.

[44] Joh 16,7.

[45] Gal 4,6; vgl. Röm 8,15.

[46] Vgl. Gal 4,6; Phil 1,19; Röm 8,11.

[47] Vgl. Joh 16,6.

[48] Vgl. Joh 16,20.

[49] Vgl. Joh 16,7.

[50] Apg 10,37 f.

[51] Vgl. Lk 4,16–21; 3,16; 4,14; Mk 1,10.

[52] Jes 11,1–3.

[53] Jes 61,1 f.

[54] Jes 48,16.

[55] Jes 42,1.

[56] Vgl. Jes 53,5–6.8.

[57] Jes 42,1.

[58] Jes 42,6.

[59] Jes 49,6.

[60] Jes 59,21.

[61] Vgl. Lk 2,25–35.

[62] Vgl. Lk 1,35.

[63] Vgl. Lk 2,19.51.

[64] Vgl. Lk 4,16–21; Jes 61,1 f.

[65] Lk 3,16; vgl. Mt 3,11; Mk 1,7 f; Joh 1,33.

[66] Joh 1,29.

[67] Vgl. Joh 1,33 f.

[68] Lk 3,21 f.; vgl. Mt 3,16; Mk 1,10.

[69] Mt 3,17.

[70] Vgl. Basilius, De Spiritu Sancto, XVI, 39: PG 32, 139.

[71] Apg 1,1.

[72] Vgl. Lk 4,1.

[73] Vgl. Lk 10,17–20.

[74] Lk 10,21; vgl. Mt 11,25 f.

[75] Lk 10,22; vgl. Mt 11,27.

[76] Mt 3,11; Lk 3,16.

[77] Joh 16,13.

[78] Joh 16,14.

[79] Joh 16,15.

[80] Vgl. Joh 14,26; 15,26.

[81] Joh 3,16.

[82] Röm 1,3 f.

[83] Ez 36,26 f.; vgl. Joh 7,37–39; 19,34.

[84] Joh 16,7.

[85] Vgl. Kyrill von Alexandrien, In Joannis Evangelium, Libr. V, Kap. II: PG 73, 755.

[86] Joh 20,19–22.

[87] Vgl. Joh 19,30.

[88] Vgl. Röm 1,4.

[89] Joh 16,20.

[90] Joh 16,7.

[91] Joh 16,15.

[92] II. Vatikanisches Konzil, Dogmatische Konstitution über die Kirche Lumen gentium, 4.

[93] Joh 15,26 f.

[94] Dekret über die Missionstätigkeit der Kirche Ad gentes, 4.

[95] Vgl. Apg 1,14.

[96] Dogmatische Konstitution über die Kirche Lumen gentium, 4. Es gibt eine ganze patristische und theologische Tradition über die innige Einheit zwischen dem Heiligen Geist und der Kirche; diese Einheit wird zuweilen in Analogie zum Verhältnis von Seele und Leib im Menschen dargestellt: vgl. Irenäus, Adversus haereses, III, 24, 1: SC 211, SS. 470–474; Augustinus, Sermo 267, 4, 4: PL 38, 1231; Sermo 268,2: PL 38, 1232; In Iohannis Evangelium Tractatus, XXV, 13; XXVII, 6: CCL 36, 266, 272 f.; Gregor der Große, In septem psalmos poenitentiales expositio, psal. V, 1: PL 79, 602; Didimus von Alexandrien, De Trinitate, II, 1: PG 39, 449 f.; Athanasius, Oratio III contra Arianos, 22. 23. 24: PG 26, 368 f., 372 f.; Johannes Chrysostomus, In Epistolam ad Ephesios, Homil. XI, 3: PG 62, 72 f. Thomas von Aquin hat die vorausgehende patristische und theologische Tradition zusammengefaßt,

indem er den Heiligen Geist als „Herz" und „Seele" der Kirche dargestellt hat: vgl. Summa Theol., III, q. 8, a. 1, ad 3; In Symbolum Aposto-
lorum Expositio, a. IX; In Tertium Librum sententiarum, Dist. XIII,
q. 2, a. 2, quaestiuncula 3.

[97] Vgl. Offb 2,29; 3,6.13.22.
[98] Vgl. Joh 12,31; 14,30; 16,11.
[99] Gaudium et spes, 1.
[100] Ebd. 41.
[101] Ebd. 26.

Zweites Kapitel

[102] Vgl. Joh 16,7f.
[103] Joh 16,7.
[104] Joh 16,8–11.
[105] Vgl. Joh 3,17; 12,47.
[106] Vgl. Eph 6,12.
[107] Pastoralkonstitution über die Kirche in der Welt von heute ‚Gaudium et spes', 2.
[108] Vgl. ebd. 10. 13. 27. 37. 63. 73. 79. 80.
[109] Apg 2,4.
[110] Vgl. Irenäus, Adversus haereses, III, 17,2: SC 211, S. 330–332.
[111] Apg 1,4.5.8.
[112] Apg 2,22–24.
[113] Vgl. Apg 3,14f.; 4,10.27f.; 7,52; 10,39; 13,28f. u.a.
[114] Vgl. Joh 3,17; 12,47.
[115] Apg 2,36.
[116] Apg 2,37f.
[117] Vgl. Mk 1,15.
[118] Joh 20,22.
[119] Vgl. Joh 16,9.
[120] Hos 13,14, Vulgata, alte Form; vgl. 1 Kor 15,55.
[121] Vgl. 1 Kor 2,10.
[122] Vgl. 2 Thess 2,7.
[123] Vgl. 1 Tim 3,16.
[124] Vgl. Reconciliato et paenitentia (2. Dezember 1984), 19–22: AAS
77 (1985) 229–233.
[125] Vgl. Gen 1–3.
[126] Phil 2,8; vgl. Röm 5,19.
[127] Joh 1,1.2.3.10.
[128] Vgl. Kol 1,15–18.
[129] Joh 8,44.
[130] vgl. Gen 1,2.
[131] Vgl. Gen 1,26.28.29.

[132] Dogmatische Konstitution über die göttliche Offenbarung Dei verbum, 2.
[133] Vgl. 1 Kor 2,10f.
[134] Vgl. Joh 16,11.
[135] Vgl. Phil 2,8.
[136] Vgl. Gen 2,16f.
[137] Gen 3,5.
[138] Vgl. Gen 3,22 über den „Baum des Lebens"; vgl. auch Joh 3,36; 4,14; 5,24; 6,40.47; 10,28; 12,50; 14,6 ; Apg 13,48; Röm 6,23; Gal 6,8; 1 Tim 1,16; Tit 1,2; 3,7; 1 Petr 3,22; 1 Joh 1,2; 2,25; 5,11.13; Offb 2,7.
[139] Vgl. Thomas von Aquin, Summa Theol. I^a–II^{ae}, q. 80, a. 4 ad 3.
[140] 1 Joh 3,8.
[141] Joh 16,11.
[142] Vgl. Eph 6,12; Lk 22,53.
[143] Vgl. De Civitate Dei, XIV, 28: CCL 48, S. 451.
[144] Pastoralkonstitution über die Kirche in der Welt von heute ‚Gaudium et spes', 36.
[145] Griechisch: παρακαλεῖν = anrufen, herbeirufen.
[146] Vgl. Gen 6,7.
[147] Gen 6,5–7.
[148] Vgl. Röm 8,20–22.
[149] Vgl. Mt 15,32; Mk 8,2.
[150] Hebr 9,13f.
[151] Joh 20,22f.
[152] Apg 10,38.
[153] Hebr 5,7f.
[154] Hebr 9,14.
[155] Vgl. Lev 9,24; 1 Kön 18,38; 2 Chr 7,1.
[156] Vgl. Joh 15,26.
[157] Joh 20,22f.
[158] Mt 3,11.
[159] Vgl. Joh 3,8.
[160] Joh 20,22f.
[161] Vgl. Pfingstsequenz: Veni, Sancte Spiritus.
[162] Bonaventura, De septem donis Spiritus Sancti, Collatio II, 3: Ad Claras Aquas, V, 463.
[163] Mk 1,15.
[164] Vgl. Hebr 9,14.
[165] Vgl. Pastoralkonstitution über die Kirche in der Welt von heute Gaudium et spes, 16.
[166] Vgl. Gen 2,9.17.
[167] II. Vatikanisches Konzil, Pastoralkonstitution über die Kirche in der Welt von heute ‚Gaudium et spes', 16.
[168] Ebd. 27.

[169] Vgl. ebd. 13.

[170] Vgl. Johannes Paul II., Apostolisches Schreiben im Anschluß an die Bischofssynode Reconciliatio et paenitentia (2. Dezember 1984), 16: AAS 77 (1985) 213–217.

[171] Pastoralkonstitution über die Kirche in der Welt von heute ‚Gaudium et spes‘, 10.

[172] Vgl. Röm 7,14 f.19.

[173] Pastoralkonstitution über die Kirche in der Welt von heute Gaudium et spes, 37.

[174] Ebd. 13.

[175] Ebd. 37.

[176] Pfingstsequenz: Reple cordis intima.

[177] „Abyssus abyssum invocat": vgl. Augustinus, Enarr. in Ps. XLI, 13: CCL 38, 470: „Was für ein Abgrund ist das also, den der Abgrund anruft? Wenn Abgrund Tiefe bedeutet, sollten wir dann nicht meinen, daß des Menschen Herz ein solcher Abgrund sei? Denn was ist tiefer als dieser Abgrund? Die Menschen sprechen; die Bewegungen ihrer Gliedmaßen können gesehen, ihre Reden gehört werden; aber wessen Gedanken werden durchdrungen, wessen Herz durchschaut?".

[178] Vgl. Hebr 9,14.

[179] Joh 14,17.

[180] Mt 12,31 f.

[181] Mk 3,28 f.

[182] Lk 12,10.

[183] Thomas von Aquin, Summa Theol. II^a–II^ae, q. 14, a. 3; vgl. Augustinus, Epist. 185, 11, 48–49: PL 814 f.; Bonaventura, Comment. in Evang. S. Luc. Kap. XIV, 15–16: Ad Claras Aquas, VII, S. 314 f.

[184] Vgl. Ps 81,13; Jer 7,24; Mk 3,5.

[185] Johannes Paul II., Apostolisches Schreiben im Anschluß an die Bischofssynode Reconciliatio et paenitentia (2. Dezember 1984), 18: AAS 77 (1985) 224–228.

[186] Pius XII., Radiobotschaft an den Nationalen Katechetischen Kongreß der Vereinigten Staaten von Amerika in Boston (26. Oktober 1946): Discorsi e Radiomessaggi, VIII (1946) 288.

[187] Johannes Paul II., Apostolisches Schreiben im Anschluß an die Bischofssynode Reconciliatio et paenitentia (2. Dezember 1984), 18: AAS 77 (1985), 255 f.

[188] 1 Thess 5,19; Eph 4,30.

[189] Johnnes Paul II., Apostolisches Schreiben im Anschluß an die Bischofssynode Reconciliatio et paenitentia (2. Dezember 1984), 14–22: AAS 77 (1985) 211–233.

[190] Vgl. Augustinus, De Civitate Dei, XIV, 28: CCL 48, 451.

[191] Vgl. Joh 16,11.

[192] Vgl. Joh 16,15.

Drittes Kapitel

[193] Vgl. Gal 4,4.
[194] Offb 1,8; 22,13.
[195] Joh 3,16.
[196] Gal 4,4f.
[197] Lk 1,34f.
[198] Mt 1,18.
[199] Mt 1,20f.
[200] Vgl. Thomas von Aquin, Summa Theol. III^a, q. 2, aa. 10–12; q. 6, ad 6; q 7, a. 13.
[201] Lk 1,38.
[202] Joh 1,14.
[203] Kol 1,15.
[204] Vgl. zum Beispiel Gen 9,11; Dtn 5,26; Ijob 34,15; Jes 40,6; 52,10; Ps 145,21; Lk 3,6; 1 Petr 1,24.
[205] Lk 1,45.
[206] Vgl. Lk 1,41.
[207] Vgl. Joh 16,9.
[208] Vgl. 2 Kor 3,17.
[209] Vgl. Röm 1,5.
[210] Röm 8,29.
[211] Vgl. Joh 1,14.4.12f.
[212] Vgl. Röm 8,14.
[213] Vgl. Gal 4,6; Röm 5,5; 2 Kor 1,22.
[214] Röm 8,15.
[215] Röm 8,16f.
[216] Vgl. Ps 104,30.
[217] Röm 8,19.
[218] Röm 8,29.
[219] Vgl. 2 Petr 1,4.
[220] Vgl. Eph 2,18 und Dogmatische Konstitution über die göttliche Offenbarung Dei Verbum, 2.
[221] Vgl. 1 Kor 2,12.
[222] Vgl. Eph 1,3–14.
[223] Eph 1,13f.
[224] Vgl. Joh 3,8.
[225] Pastoralkonstitution über die Kirche in der Welt von heute Gaudium et spes, 22; vgl. Dogmatische Konstitution über die Kirche Lumen gentium, 16.
[226] Joh 4,24.
[227] Ebd.
[228] Vgl. Augustinus, Confess. III, 6,11: CCL 27, 33.
[229] Vgl. Tit 2,11.
[230] Vgl Jes 45,15.

[231] Vgl. Weish 1,7.

[232] Lk 2,27.34.

[233] Gal 5,17.

[234] Gal 5,16 f.

[235] Vgl. Gal 5. 19–21.

[236] Gal 5,22 f.

[237] Gal 5,25.

[238] Röm 8,5.9.

[239] Röm 8,6.13.

[240] Röm 8,10.12.

[241] 1 Kor 6,20.

[242] Vgl. Pastoralkonstitution über die Kirche in der Welt von heute Gaudium et spes, 19. 20. 21.

[243] Lk 3,6; vgl. Jes 40,5.

[244] Vgl. Röm 8,23.

[245] Röm 8,3.

[246] Röm 8,26.

[247] Röm 8,11.

[248] Röm 8,10.

[249] Vgl. Enzyklika Redemptor hominis (4. März 1979), 14: AAS 71 (1979) 284 f.

[250] Vgl. Weish 15,3.

[251] Vgl. Eph 3,14–16.

[252] Vgl. 1 Kor 2,10 f.

[253] Vgl. Röm 8,9; 1 Kor 6,19.

[254] Vgl. Joh 14,23; Irenäus, Adversus haereses, V, 6: SC 153, S. 72–80; Hilarius, De Trinitate, VIII, 19. 21: PL 10, 250. 252; Ambrosius, De Spiritu Sancto, I, 6, 8: PL 16, 752 f.; Augustinus, Enarr. in Ps. XLIX, 2: CCL 38, 575 f.; Kyrill von Alexandrien, In Ioannis Evangelium, lib. I; II: PG 73, 154–158. 246; lib. IX: PG 74, 262; Athanasius, Oratio III contra Arianos, 24: PG 26, 374 f.; Epist. I ad Serapion., 24: PG 26, 586 f.; Didimus von Alexandrien, De Trinitate, II, 6–7: PG 39, 523–530; Johannes Chrysostomus, In epist. ad Romanos homilia XIII, 8: PG 60, 519; Thomas von Aquin, Summa Theol., Iª, q 43, aa. 1, 3–6.

[255] Gen 1,26 f.; Thomas von Aquin, Summa Theol. Iª, q. 93, aa. 4. 5. 8.

[256] Pastoralkonstitution über die Kirche in der Welt von heute Gaudium et spes, 24; vgl. auch 25.

[257] Vgl. ebd. 38. 40.

[258] Vgl. 1 Kor 15,28.

[259] Vgl. Pastoralkonstitution über die Kirche in der Welt von heute ‚Gaudium et spes', 24.

[260] „Gloria Dei vivens homo, vita autem hominis visio Dei": Irenäus, Adversus haereses, IV, 20, 7: SC 100/2, S. 648.

[261] Basilius, De Spiritu Sancto, IX, 22: PG 32, 110.

[262] Röm 8,2.

[263] 2 Kor 3,17.
[264] Vgl. II. Vatikanisches Konzil, Pastoralkonstitution über die Kirche in der Welt von heute Gaudium et spes, 53–59.
[265] Ebd. 38.
[266] 1 Kor 8,6.
[267] Joh 16,7.
[268] Joh 14,18.
[269] Mt 28,20.
[270] Das drückt auch die Epiklese vor der Wandlung aus: „Sende deinen Geist auf diese Gaben herab und heilige sie, damit sie uns werden Leib und blut deines Sohnes, unseres Herrn Jesus Christus" (Zweites Hochgebet).
[271] Vgl. Eph 3,16.
[272] Pastoralkonstitution über die Kirche in der Welt von heute Gaudium et spes, 22 und 24.
[273] Ebd. 24.
[274] Vgl. Apg 2,42.
[275] II. Vatikanisches Konzil, Dekret über den Ökumenismus Unitatis redintegratio, 2.
[276] Vgl. Augustinus, In Iohannis Evangelium Tractatus XXVI, 13: CCL 36, S. 266; vgl. II. Vatikanisches Konzil, Konstitution über die heilige Liturgie Sacrosanctum Concilium 47.
[277] Dogmatische Konstitution über die Kirche Lumen gentium, 1.
[278] Apg 17,28.
[279] 1 Tim 2,4.
[280] Vgl. Hebr. 5,7.
[281] Lk 11,13.
[282] Röm 8,26.
[283] Vgl. Origenes, De oratione, 2: PG 11, 419–423.
[284] Röm 8,27.
[285] II. Vatikanisches Konzil, Dogmatische Konstitution über die Kirche Lumen gentium, 63.
[286] Ebd. 64.
[287] Ebd. 4; vgl. Offb 22,17.
[288] Vgl. Röm 8,24.

Schluß

[289] Vgl. Joh 4,14; Dogmatische Konstitution über die Kirche Lumen gentium, 4.
[290] Vgl. Offb 12,10.
[291] Vgl. Röm 8,23.
[292] Vgl. Pfingstsequenz Veni, Sancte Spiritus.
[293] Vgl. Glaubensbekenntnis Quicumque: DS 75.

[294] Vgl. Röm 5, 5.

[295] Man kann hier an das wichtige Apostolische Schreiben Gaudete in Domino erinnern, das Papst Paul VI. am 9. Mai des Heiligen Jahres 1975 veröffentlicht hat. Denn die dort zum Ausdruck gebrachte Einladung vom Heiligen Geist „dieses Geschenk der Freude zu erflehen", bleibt ja immer gültig, so wie auch die Aufforderung, „die wahrhaft geistliche Freude (zu) verkosten, die eine Frucht des Heiligen Geistes ist": AAS 67 (1975) 289. 302.

[296] Vgl. Joh 16,22.

[297] Vgl. Röm 14,17; Gal 5,22.

KOMMENTAR

Von Hans Urs von Balthasar

1. Abschluß einer trinitarischen Trilogie

Die von Papst Johannes Paul II. am Pfingstfest dieses Jahres der Kirche und der Welt geschenkte Enzyklika ist offenkundig der Abschluß eines trinitarisch angelegten Planes. Sein erstes, bei seinem Amtsantritt veröffentlichtes Schreiben „Redemptor Hominis" (März 1979) gilt dem Sohn Gottes, Jesus Christus, als der Mitte unseres Glaubens und auch unserer kirchlichen Weltaufgabe, durch den wir allererst Zugang finden zu „seinem und unserem Vater" („Dives in Misericordia"), dessen innerste Gesinnung wir durch sein Menschwerden, sein Leben und besonders seinen Kreuzestod kennenlernen dürfen, von dem aber an Ostern sein Heiliger Geist, der auch der Geist des Vaters ist, den Jüngern eingehaucht wird, der an Pfingsten die ganze Kirche zu ihrem missionarischen Auftrag an der Welt aller Völker und aller einzelnen Menschen befähigt. Diesem Geist gilt die nunmehr erschienene dritte Enzyklika.

Sie bildet den Abschluß von Gedanken, die deutlich in den beiden ersten Schreiben vorbereitet waren; Gedanken, die aus dem Herzen des Evangeliums, aber nicht minder aus dem Herzen des oft zitierten letzten Konzils und schließlich aus dem Herzen des Heiligen Vaters selber stammen, Gedanken, die unablässig um die Einheit von Schöpfungs- und Erlösungswerk Gottes, um die natürliche, in der Gnade sich vollendende Würde und Freiheit des Menschen kreisen. Diese drei Quellen, aus denen der Inhalt dieser wie der vorausgehenden Enzykliken in reicher Fülle strömen, sind in den Texten in keiner Weise voneinander zu trennen. Damit bestätigt sich auf höchst konkrete Weise, was die Konstitution über das Wort Gottes (Dei Verbum) an zentraler Stelle festgestellt hat: daß nämlich „die heilige Tradition, die heilige

Schrift und das Lehramt der Kirche gemäß dem weisen
Ratschluß Gottes so miteinander verknüpft und einan-
der zugesellt sind, daß keines ohne die andern besteht
und daß alle zusammen, jedes auf seine Art, durch das
Tun des einen Heiligen Geistes wirksam dem Heil der
Seelen dienen" (Nr. 10).

2. Rückblick auf die Rundschreiben über den „Erlöser des Menschen" und „Das Erbarmen Gottes"

Ein Rückblick auf die beiden Enzykliken über den göttlichen Sohn und den göttlichen Vater ist lehrreich, um die
entscheidenden Absichten und Aussagen der Enzyklika
über den Heiligen Geist recht zu situieren; besonders die
erste liefert hierzu manchen Schlüssel.

„Redemptor Hominis" stellt fest: „Der Mensch kann
nicht ohne Liebe leben. Er bleibt für sich selber ein unbegreifliches Wesen; sein Leben ist ohne Sinn, wenn ihm
die Liebe nicht geoffenbart wird." Der schwache und
schuldvolle Mensch, „der sich selbst bis in die Tiefe verstehen will", erlotet diese Tiefe einzig, wenn er „mit seinem Leben und Sterben Christus" naht, „im Geheimnis
der Erlösung neu bestätigt, ja in gewisser Weise neu-
geschaffen wird" (10). Um diesen, um jeden Menschen
geht es Christus in seinem Erlösungswerk; er ist,
menschwerdend, „mit jedem Menschen verbunden"
(13); der Gute Hirt sorgt sich um „alle Menschen". Aber
er kann nie für sich allein betrachtet werden, er ist wesenhaft „Offenbarung des Vaters", und mit „der Ausgießung des Heiligen Geistes" (9) vollendet sich erst sein
Werk. Dieses Werk besteht darin, daß er dem geschaffenen und gefallenen Menschen „die Würde der Gottes-

kindschaft durch die Gnade des Heiligen Geistes" vermittelt (18), indem er einerseits die Liebe des Vaters als „Barmherzigkeit" offenbart (9), anderseits als Auferstandener den Heiligen Geist der Kirche einhaucht, den er den Jüngern in den Abschiedsreden verheißen hatte, so daß sich jetzt „in den Menschen die Kräfte des Geistes, die Gaben des Geistes, die Früchte des Geistes" auswirken können, um den beständig gefleht werden muß. Und „diese Anrufung des Geistes und im Geist ist nichts anderes als ein beständiges Sichvertiefen in die volle Dimension des Geheimnisses der Erlösung, in der Christus, vereint mit dem Vater und mit jedem Menschen, uns ständig jenen Geist mitteilt, der in uns das Bewußtsein von Söhnen erzeugt und uns zum Vater hinlenkt" (18). Daß Jesus für alle Menschen gesühnt hat, sagt uns, daß auch sein Geist, der „weht, wo er will", schon in allen Menschen wirkt (12), auch wenn dieser Heilige Geist vor allem der Kirche geschenkt wird, damit sie ihr Missionswerk bei allen Menschen und Völkern („mit einem besondern Beistand des Heiligen Geistes" (12)) wirken kann. Jeder Christ ist dazu „von jenem Lebenshauch, der von Christus kommt", durchdrungen, und die Kirche als ganze erhält vom gekreuzigten und auferstandenen Christus „die gleichen göttlichen Impulse, Eingebungen und Kräfte des Geistes", die schon im ganzen irdischen Leben Jesu lebendig waren (18).* Die Rolle der Eucharistie, der Buße, des Gebetes, der Verehrung Marias, die ja in besonderer Weise eine Wohnstatt des Geistes ist (22), werden alle im Zusammenhang mit dieser Begegnung besprochen, und wie ein Leitmotiv fällt das Wort, das in

---

* Das Ziel jedes „Dienstes der Kirche" ist das Aufrechterhalten „der dynamischen Verbindung zwischen dem Geheimnis der Erlösung und jedem Menschen" (22).

allen Enzykliken wiederkehren wird: der konkrete Mensch „ist der Weg der Kirche", der von Christus grundsätzlich erlöste, vom Geist grundsätzlich immer schon eingeholte Mensch (14), der durch die Kirche erfahren soll, welchen Sinn und welche Folgen dieses Schon-erreicht-Sein für ihn hat. Erlösung und Geistspendung sind universal, aber die Kirche als „Sakrament" hat die Menschheit zum wahren Zentrum dieses Ereignisses zu führen.

„*Dives in misericordia*", die Schilderung der ganzen Tiefe der väterlichen Liebe, spricht weniger oft und thematisch vom Heiligen Geist, aber man ahnt, daß diese Schilderung des innersten Herzens des Vaters gerade auch den Geist, „der vom Vater ausgeht" (Joh 15, 26) mit im Blick hat. Im Zentrum steht die Aussage nicht nur, daß der menschgewordene Sohn Offenbarung der Liebe des Vaters zur Welt ist (1), sondern daß seine Dahingabe an Kreuz und Gottverlassenheit, sein „Zur-Sünde-gemacht"-Werden (7), die ganze Tiefe dieser Liebe als Erbarmen mit der schuldigen Menschheit ans Licht bringt. Schon die Gleichnisse, die Jesus erzählt, wie das vom verlorenen Sohn (5–6), von der verlorenen Drachme, vom Hirten auf der Suche nach seinem verlorenen Schaf (3) offenbaren die Liebe des Vaters als Erbarmen, die dem Verlorenen, Entwürdigten seine übernatürliche, mit Gnadenfreiheit begabte volle Würde zurückgibt. Wieder geht es um die Untrennbarkeit von „Theozentrik und Anthropozentrik" (1). Und abermals ist das väterliche, in der Hingabe des Sohnes verwirklichte Erbarmen universal, „es steht allen und einem jeden offen" (7), weshalb sich dann Christus mit „dem Geringsten seiner Brüder" gleichsetzen kann (8). Was aber Christus an Ostern der Kirche schenkt, ist der Geist des Verzeihens: „Wem ihr die Sünden vergebt ..." (8), weshalb der Kirche

nichts dringlicher obliegt, als – jenseits von bloßer „Gerechtigkeit" – diesen Geist des Verzeihens zu leben, zu
verkünden und in der Menschheit eine Kultur des Verzeihens durchzusetzen (14). Sohn und Geist offenbaren,
wenn die Kirche diese Aufgabe erfüllt, die immerwäh-
rende Anwesenheit des verzeihenden, liebenden Vaters.
Wieder schließt die Enzyklika mit der Ermahnung zum
Gebet: je mehr die Welt von heute den Sinn für Erbarmen verliert, „desto mehr hat die Kirche das Recht und
die Pflicht, mit ‚lautem Schrei' den Gott des Erbarmens
anzurufen" (15).

3. Ein erster Durchblick

In seiner Einleitung gibt der Papst mehrere Motive an,
die ihn zur Abfassung seiner dritten Enzyklika angeregt
haben. Er nennt die Schreiben seiner Vorgänger, besonders den Hinweis Pauls VI., der nach Abschluß des II.
Vatikanums zu einem „neuen Studium und zu einer
neuen Verehrung des Heiligen Geistes" aufrief, als „notwendige Ergänzung der Lehre des Konzils". Er nennt die
1981 feierlich begangene Erinnerung an das Erste Kon-
stantinopolitanum, auf dem die Gottheit des Geistes de-
finiert wurde. Er weist auf das „gemeinsame Erbe mit
den Ostkirchen" hin, aber auch auf die Situation der
Welt angesichts der zweiten Jahrtausendwende, die ihn
zu ernsten Betrachtungen über die weltweite Abwendung von Gott, von Christus und der Kirche, diesmal im
Licht des Heiligen Geistes, veranlassen werden. Er zeigt
schließlich, daß dieses dritte Schreiben gleichsam ein Po-
stulat von den beiden ersten her ist: die Trilogie über
den dreieinigen Gott soll geschlossen werden. Nun wird
das Ganze in drei große Teile gegliedert.

Wir können den ersten Teil als kirchlich, den zweiten als kosmisch oder gesamtgeschichtlich, den dritten als (im Sinne des Papstes) anthropologisch bezeichnen.

Der *erste Teil* behandelt die Offenbarung des dreieinigen Gottes an die Menschheit, welche Offenbarung aber nur vom glaubenden Menschen in der Kirche verstanden, als Geschenk des österlichen Christus empfangen und in der heiligen und missionierenden Kirche ausgelegt wird. Das Geschenk ergeht von Gott, der in sich selbst dreieinig ist (28), aber sein inneres geheimnisvolles Wesen der Welt offenbart (11–14), und zwar so, daß er, als der väterliche Ursprung aller Dinge, Sohn und Geist (vom hl. Irenäus als „die beiden Hände des Vaters" bezeichnet) in die Menschenwelt sendet: der vom Alten Bund her verheißene Messias, der nunmehr zum Erlöser aller Menschen werden wird, ist (gemäß der Verheißung bei Jesaja) innigst mit dem Heiligen Geist verbunden: der Geist läßt ihn Mensch werden, begleitet sein ganzes Wirken und auch sein Sterben (das letztere wird später ausführlich gezeigt: 40–41), und dieser Geist wird zuletzt, da der Sohn sein irdisches Werk vollendet hat, der Kirche eingehaucht (22–24), was nunmehr das vom Geist durchwirkte Zeitalter der Kirche einleitet (25–26).

Der *zweite Teil*, den wir kosmisch oder gesamtgeschichtlich genannt haben, dürfte der originellste und für die meisten Leser überraschendste sein; aber auch der am sorgfältigsten zu beachtende, weil er, gewiß von vielen Schrift- und Konzilstexten unterbaut, zugleich einen Einblick in das persönlichste katholische Glaubensverständnis Johannes Pauls II. vermittelt. Die Überschrift: „Der Geist, der die Welt ihrer Sünde überführt" (Joh 16,8a) gibt das Gesamtthema dieses Teils an.

Wer den Evangeliumstext im Zusammenhang liest: „Es ist gut für euch, daß ich fortgehe; denn gehe ich nicht fort, wird der Beistand nicht zu euch kommen; gehe ich aber fort, so werde ich ihn euch senden. Wenn dieser kommt, wird er die Welt davon überführen, daß es eine Sünde, eine Gerechtigkeit und ein Gericht gibt; eine Sünde, weil sie nicht geglaubt hat ..." (Joh 16,7–9), der wird in dieser Überführung vermutlich nur ein Gericht über die Welt erblicken, eine Verurteilung, die der Geist als Anwalt der (verfolgten!) Kirche der Welt zu Bewußtsein bringen wird. Aber der Papst versteht diese „Überführung der Welt", daß sie sündig ist, in diesem ganzen Teil positiv. So nämlich, daß das Aufdecken der Sünde die Voraussetzung, ja sogar der erste Akt des Erbarmens und Verzeihens Gottes sein wird. Im Sinn also des Ausspruchs des hl. Paulus: „Habt nichts gemein mit den unfruchtbaren Werken der Finsternis, sondern überführt sie; ... alles, was ans Licht gebracht wird, wird vom Licht erhellt, wird doch alles ans Licht Gebrachte selber Licht" (Eph 5,11–14). Ganz ähnlich Johannes: „Jeder, der Böses tut, haßt das Licht und kommt nicht ans Licht, damit er seiner Werke nicht überführt werde. Wer dagegen die Wahrheit tut, der kommt zum Licht, damit seine Werke offenbar werden, daß sie in Gott getan sind" (Joh 3,20–21). Von hier aus kann der Heilige Vater die Aussage, daß der Geist die Welt ihrer Sünde überführt, als eine im Erlösungsgeschehen der Welt unerläßliche Stufe, ja als eine zentrale Tat der göttlichen Barmherzigkeit deuten. Einer wiederum trinitarischen Barmherzigkeit, denn dieses Wirken des Geistes, der in der Welt Klarheit schafft, setzt die Hingabe des Vaters voraus, der seinen Sohn für das Heil der Welt „ausliefert", und auch das Werk des Sohnes, der durch sein Kreuzesblut die Gewissen der Menschen reinigt. Daß dieses dreieinige Werk aber keine automatische Rettung der gesamten Menschheit besagt, muß zum Schluß notwendig herausgestellt werden: der freie Mensch hat noch immer die Möglichkeit, dieses für alle Menschen verwirklichte Werk der göttlichen Liebe abzuweisen: das wird die Sünde wider den Heiligen Geist sein.

Der *dritte Teil* trägt die Überschrift: „Der Geist, der lebendig macht". Dieser Teil befaßt sich mit dem Werk des Geistes innerhalb des Menschen und der Menschheit, die mit Gott und daher auch mit sich selbst in Konflikt steht. Hier ist der Ort, wo von dem Widerstand und der Ablehnung die Rede ist, auf die Gottes gesamtes Heilshandeln stößt: schon in Israel, verstärkt in der Sendung des Sohnes, der das Zeichen sein wird, dem widersprochen wird (55). Mit ihm tritt die ganze Schärfe des Kampfes zwischen „Fleisch" und „Geist", wie Paulus ihn beschreibt, auf den Plan, und dies anscheinend in wachsendem Maße, je weiter die Weltgeschichte fortdauert. Augustin hatte vom Widereinander der beiden Civitates – Gottes und des Teufels – gesprochen, aber erst in unserer „nachchristlichen" Zeit ist das Phänomen eines theoretischen und praktischen Atheismus als System in Weltformat organisiert worden. Hier wird festgestellt, „daß ein wirklicher und echter Materialismus, verstanden als Theorie, die die Wirklichkeit erklärt, und angewandt als Prinzip persönlichen und gesellschaftlichen Handelns, atheistischen Charakter hat" (56). Nach ihm kann Religion nur eine „idealistische Illusion" sein. Und anschließend werden die vielen Symptome unserer technischen Zivilisation aufgezeigt, die „Zeichen und Hinweise auf den Tod", auf die „Selbstzerstörung" der Menschheit sind. Alle diese Symptome sind weltgeschichtlich neu und fordern ein verstärktes Ringen der Kirche um Durchsetzung des Prinzips des „Geistes" gegen das „Fleisch", eine Besinnung auf alle ihre innern sakramentalen und existentiellen Kräfte.

Wieder schließt die Enzyklika mit einem eindringlichen Passus über das Gebet, diesmal besonders zum Geist, der sich „unserer Schwachheit annimmt", der die Unfähigkeit unseres Betens ergänzt durch sein „unaussprechliches Seufzen", das aber der Vater, der es aus der Tiefe unserer Herzen vernimmt, zu deuten weiß (65). Wieder wird, entsprechend dem Beginn der Apostelgeschichte, das Gebet Marias, die in der Mitte der Jünger betet, als Mittelpunkt wirksamen Betens verstanden, die Mutterschaft Marias zusammengesehen mit derjenigen der Kirche (66). Es ist Gebet mit eschatologischem Charakter, gerade an der Jahrtausendwende. „Die Kirche bittet in ihrem Herzen, das alle menschlichen Herzen umfaßt, den Heiligen Geist um die Freude, welche Frucht der Liebe und somit Frucht Gottes ist, der die Liebe selbst ist." „Auch der Friede ist Frucht der Liebe, jener innere Friede, den der gehetzte Mensch in der Tiefe seines Wesens sucht, der von der Menschheit, den Nationen, den Kontinenten gefordert wird", der aber „letztlich über die Liebe führt", weshalb die Kirche ausblickt nach dem, der die substantielle „Liebe zwischen Vater und Sohn ist": dem Geist.

Dieser kurze Durchblick möge dem Leser als Leitfaden dienen in dem langen Schreiben, das viele Gedanken wiederholt, durch lange Zitate aus dem Konzil, zumal aus „Gaudium et Spes", den Gedankenfluß gelegentlich aufhält, und in seinem spiralenförmigen Aufwärtskreisen zuweilen fälschlich den Eindruck erweckt, am Ort zu treten. Der Leser vergesse nicht, daß das Ganze sich in der Sphäre des unergründlichen Mysteriums der Dreieinigkeit Gottes bewegt, dessen Räume sich nach allen Seiten hin öffnen, und das sich jedem säuberlich vom Menschen gebahnten Weg entzieht. Das hier ausgeschüttete Füllhorn zeugt von der Überfülle des von Gott

Geschenkten, so daß – wie in einem Kaleidoskop – immer neue Aspekte und Konstellationen, Begegnungen von Einzelmomenten, Durch- und Ausblicke sich öffnen.

Was im Folgenden geboten werden kann, ist nur der Hinweis auf einzelne Sammelpunkte, Hauptmotive, die sich durch das Ganze hindurchziehen, die vielleicht das Verständnis erleichtern, dafür aber die erwähnten gegenseitigen Durchkreuzungen der Motive nicht hinreichend wiedergeben.

4. Die Logik Gottes

Das überraschende Wort von der „tiefsten Logik" (11) des „im ewigen Plan Gottes enthaltenen Heilsmysteriums" bezieht sich darauf, daß das Geheimnis der göttlichen Dreifaltigkeit sich „der Welt eröffnen und mitteilen will und daß diese Mitteilung einen folgerichtigen Weg von der Weltschöpfung zur Welterlösung in Jesus Christus führt. Dann auch näherhin darauf, daß die vom Sohn „in den Dimensionen der irdischen Geschichte" vollbrachte Erlösung einen letzten Schritt verlangt: „daß das Fortgehen Christi im göttlichen Heilsplan die unerläßliche Bedingung für die Sendung und das Kommen des Heiligen Geistes" ist. Gott kann sich dem Menschen in seinem Innersten nur mitteilen, wenn die äußerlich faßbare Gestalt Jesu sich den Menschen entzogen hat. Die Menschen wollen haben, halten, für sich festbannen; die Ostergeschichten zeigen jedoch, daß Jesus immer dann, wenn er auf Erden festgehalten werden soll, sich entzieht: Magdalena am Grab soll nicht „anrühren", den Emmausjüngern entschwindet er gerade, da sie ihn erkannt haben, Thomas, der seine Wunden greifen möchte, wird getadelt. An die Stelle des Für-sich-Habens tritt das Ziehenlassen und die Sendung zu den Brüdern, anstelle des Fassens der seliggepriesene Glaube. Hiermit vollzieht sich der letzte Schritt der göttlichen Logik: nur indem wir aus Reichen zu Armen werden, schaffen wir innerlich in uns Raum für das Eintreten Gottes in uns hinein, seines Heiligen Geistes, der jetzt innerlicher in uns wohnen wird, als wir uns selber sind (54), der gerade in seiner Unfaßbarkeit die Nähe des ewig unfaßbaren Gottes sein kann. Auf diese Vereinigung hin ist Gottes ganzer Plan angelegt, deshalb kann gesagt werden, daß das „Wirken des Heiligen Geistes der Ursprung jeglichen Heilshandelns Gottes in der Welt ist": er ist nicht nur der, durch den Jesus Christus, der Erlöser, Mensch wird, er ist schon von Anfang an der, „der als Liebe und Gabe den Erdkreis erfüllt" und alles „von innen her durchdringt und belebt" (54).

Dieses Erfülltwerden von Gottes Heiligem Geist durch Verzicht, durch Raumschaffen, durch Armwerden ist der einzige Weg, auf dem wir Gott als den zu erkennen vermögen, der er in Wahrheit ist: die Liebe, die sich nur als „gegenseitiges Sich-Schenken", ohne etwas für sich zurückzubehalten, gedacht werden kann, eine Liebe, die nicht nur zwischen einem Ich und Du (Vater und Sohn) waltet, sondern als der unfaßliche Überschwang dieser Begegnung, als ihre Frucht selbst nochmals Person ist (wie in einem fernen Gleichnis die Liebe zwischen Mann und Frau im Kind fruchtbar wird). In Gott ist „die personhafte Liebe der Heilige Geist als Geist des Vaters und des Sohnes". „Daher ergründet er die Tiefen Gottes als unerschaffene Liebe, die sich verschenkt", da er als Liebe das „ungeschaffene Geschenk" des ganzen Gottes selbst ist, „die Quelle jeglicher Gabe an die Geschöpfe". Wiederum in der Ordnung der natürlichen

Schöpfung wie der gnadenhaften Erlösung, so daß Paulus zusammenfassend sagen kann: „Die Liebe Gottes ist ausgegossen in unsere Herzen durch den Heiligen Geist, der uns gegeben ist" (Röm 5, 5) (10).

In der Logik der göttlichen Erlösung geht es deshalb nicht um ein bloßes Nacheinander: Christus geht fort, damit der Geist kommen kann. Vielmehr wird der Geist „nicht nur *nach*, sondern *aufgrund* der Erlösung kommen, die Christus nach dem Willen und durch das Handeln des Vaters gewirkt hat" (8): Ist doch die Erlösung durch die vollkommene Hingabe des Sohnes am Kreuz – Hingabe an den Willen des Vaters zugunsten aller Menschen – schon vollendet, aber dieser Geist befreiender Ganzhingabe des Sohnes (als weltliche Darstellung der Ganzhingabe des Vaters an die Welt) muß zuletzt auch uns, den von der Sünde Befreiten, mitgeteilt, „eingegossen" werden, damit wir daran nicht nur als ein uns äußerliches, unbegreifliches Mysterium glauben, sondern selbst innerlich davon durchdrungen werden und verstehen, was die Liebe, was Gott, was das Letzte in Sein und Existenz ist. Und erst wenn wir so vom Geist der Dreifaltigkeit Gottes innerlich erfüllt sind, können wir mit den Aposteln zusammen den Sinn unseres Daseins als Sendung erkennen: „Darum geht zu allen Völkern und macht alle Menschen zu meinen Jüngern" (Mt 28, 19); denn nicht wir allein, sondern alle sollen am Liebeswunder des göttlichen Lebens teilhaben (9). Das ist die Logik Gottes.

5. Schöpfung und Erlösung

Ein Gedanke, der alle drei Enzykliken durchzieht und der in der Heiligen Schrift mit letzter Klarheit ausgedrückt wird, ist, daß die Welt um der Erlösung der Menschheit und ihrer Teilnahme am göttlichen Leben willen in Christus und im Geist erschaffen worden ist. Daß das schwache Geschöpf in Schuld verfallen und ihm entlaufen würde, wußte Gott von Ewigkeit, deshalb konnte er die Weltschöpfung nur wagen, wenn jemand für deren Rettung und Rückführung gutstand. Das „Lamm ohne Fehl und Makel, Christus, war schon vor der Grundlegung der Welt ausersehen" (1 Petr 1, 19), diese Bürgschaft zu leisten, nicht vom Vater „gezwungen", sondern in Liebe sich freiwillig anbietend („niemand raubt mir mein Leben, ich gebe es freiwillig hin, ich habe die Macht, es hinzugeben" (Joh 10, 18)), damit wir „kraft der Erlösung durch sein Blut" „nach dem Ratschluß des Vaters durch Jesus Christus zu seinen Kindern vorherbestimmt" werden konnten (Eph 1, 5–7). Deshalb ist das ganze Schöpfungswerk, wie der Papst unermüdlich wiederholt, immer schon auf die Offenbarung der väterlichen Liebe im Kreuz Christi und in der Ausgießung des Geistes in die Herzen der Menschen hin angelegt, und es gibt für den Menschen keinen andern gültigen Lebenssinn, kein anderes gültiges Selbstverständnis als dieses: daß er auf das Mysterium der Liebe hin geschaffen ist.

Im ersten Vers der Genesis ist die Trinität schon verborgen gegenwärtig: Gott (der Vater, „Schöpfer des Himmels und der Erde") spricht sein schöpferisches Wort (den Sohn), durch das alles wird, „und Gottes Geist schwebte über dem Chaos", aus dem Gott durch Ordnen und Scheiden eine schöne Welt („kosmos" heißt griechisch Ordnung und Schmuck) hervorbringen wird. Die Dreieinigkeit wird aber auch den Lauf der Geschichte des (nach dem Bild des dreieinigen Gottes geschaffenen) Menschen lenken: Jahwe (der Vater) handelt durch sein Wort (an Abraham, am Sinai, durch die Propheten), und „ohne Zweifel wirkte der Heilige Geist schon in der Welt, ehe Christus verherrlicht wurde" (25, zit. aus Ad Gentes 4). Das am Anfang gesprochene Wort Gottes „ist auch ewiges Gesetz, Ursprung jedes Gesetzes, das die Welt und besonders die menschlichen Akte ordnet" (33), ein Gesetz, das der Mensch „in seiner verborgensten Mitte, seinem Heiligtum", in „der zentralen Eigenschaft seiner Person", im „Gewissen" erkennen und anerkennen kann (43). Ein „Prinzip des Gehorsams gegenüber der objektiven Norm", die in der Schöpfung verankert ist, ist ihm „tief eingeprägt", und wenn zuletzt der Heilige Geist die Welt der Sünde überführen wird, hat dies für den Menschen nichts äußerlich-Überraschendes, denn „es begegnen sich der Geist der Wahrheit und die Stimme des menschlichen Gewissens" (44). Dies alles ist in allen Menschheitsreligionen, aber mit großer Klarheit im Alten Testament schon sichtbar.

Diese Universalität, die, in der Schöpfung angelegt, durch den Alten Bund hindurch sich auf die endzeitlichen Ereignisse von Kreuz und Geistausgießung hin vollendet, ist die Voraussetzung dafür, daß das scheinbar partikuläre Geschehen des Lebens und Sterbens Jesu innerlich bereits eine universale Bedeutung hat, die die ganze geschaffene Welt und Geschichte angeht. „Da nämlich Christus für alle gestorben ist und da es in Wahrheit nur *eine* letzte Berufung des Menschen gibt, die göttliche, müssen wir festhalten, daß der Heilige Geist allen die Möglichkeit anbietet, diesem österlichen Geheimnis in einer nur Gott bekannten Weise verbunden zu sein" (53). Und noch deutlicher: „Weil Gott will, daß alle Menschen gerettet werden und zur Erkenntnis der Wahrheit gelangen (1 Tim 2, 4), umfaßt die Erlösung alle Menschen und in gewissem Sinn die ganze Schöpfung. In derselben universalen Dimension der Erlösung wirkt kraft des ‚Fortgehens Christi' der Heilige Geist" (64).

Hier ist schließlich an eine Wahrheit zu erinnern, die ausführlich in der Enzyklika über das göttliche Erbarmen dargelegt wurde (14, vgl. den Kommentar von K. Lehmann, S. 103 f) und die hier vorausgesetzt wird: mit der Würde der menschlichen Person tritt Recht und damit die Forderung der Gerechtigkeit auf den Plan, dieser muß auf jeden Fall gehorcht und Genüge getan werden; aber der letzte Sinn und die letzte Möglichkeit, Gerechtigkeit in der Welt herzustellen, ist die Liebe, somit das göttliche Verzeihen und im Heiligen Geist das gegenseitige Verzeihen der Menschen. Nur um der Liebe willen gibt es Gerechtigkeit, und diese vollendet sich ohne Abstrich im Wirken der Liebe: das wird am Sühneleiden des Kreuzes vollends deutlich. „Eine Welt ohne Verzeihen wäre eine Welt kalter und ehrfurchtsloser Gerechtigkeit, in deren Namen jeder dem andern gegenüber nur seine Rechte einforderte" (Dives in misericordia 14).

In der Geistenzyklika erfüllt sich diese Ordnung, sofern Jesus am Ostertag als Frucht seiner Erlösung der Kirche als erste und umfassende Gabe den Geist einhaucht, damit sie Sünden vergeben kann (22–25). Die kulturellen und politischen Konsequenzen dieser einheitlichen christlichen Weltsicht sind fast unabsehbar, zumal wenn man bedenkt, daß die „Durchsäuerung" der weltlichen Aufgaben und Kompetenzen durch den Geist Christi – bei aller Unterscheidung von Kirche und Staat – zu

Folgerungen führt, die in der bisherigen Geschichte des Christentums erst unvollkommen gezogen worden sind, die aber bei der heutigen Entchristlichung der Welt sich nur um so gebieterischer aufdrängen.

6. Freiheit

Was über die menschliche Freiheit zu sagen ist, ergibt sich unmittelbar aus dem Vorigen. Daß der Mensch als Geschöpf Gottes und als sein Abbild mit Freiheit ausgestattet worden ist, mit der „Fähigkeit zu einer personalen Beziehung zu Gott" (34), ist die Grundlage dafür, daß ihm – nach seiner Versklavung an die Sünde – durch den Heiligen Geist eine neue und tiefere Freiheit geschenkt werden kann. Aber daß der Mensch Person ist, und damit eine einzigartige „große Würde" besitzt, enthebt ihn doch nicht seines Geschöpfseins: seine Freiheit wird um so authentischer sein, je enger sie an der absoluten Freiheit ihres Schöpfers teilnimmt. Aber „Gott, der Schöpfer, ist die einzige und entscheidende Quelle der sittlichen Ordnung der Welt, die von ihm geschaffen ist. Der Mensch kann nicht aus sich selber bestimmen, was gut und was böse ist ... In der geschaffenen Welt bleibt Gott die erste und oberste Quelle, um Gut und Böse durch die innere Wahrheit des Seins zu bestimmen" (36). Weil der Mensch nicht Schöpfer des Seins ist und weil das Gute mit der „innern Wahrheit des Seins" gegeben ist, deshalb bleibt die Anmaßung des Menschen „selbst autonome und alleinige Quelle für die Bestimmung von Gut und Böse zu sein", eine Abwendung von der Quelle des einzig wahrhaft Guten, „ein Sichverschließen der menschlichen Freiheit Gott gegenüber" und damit die Errichtung einer „Gegenwahrheit", die als solche nur

„Lüge" sein kann (37). Nicht aus irgendwelchen Denk- oder Rechenfehlern, sondern aus ihrem innersten Wesen beraubt somit eine „atheistische Ideologie" den Menschen „seines eigenen Menschseins" (38), sowohl seiner Wahrheit wie seiner echten Freiheit.

Erst indem der Mensch von Gott den „Geist der Wahrheit" (Joh 16, 3) und „der Freiheit" (2 Kor 3, 17) erhält, wird er zur wahren Freiheit befreit, zur Teilnahme an der absoluten göttlichen Freiheit. Daher die vielen Ermahnungen Pauli, nach dem „Geist" und nicht nach dem „Fleisch" zu leben; in diesen „Texten überlagern sich – und durchdringen sich gegenseitig – die ontologische Dimension (das Fleisch und der Geist), die ethische (das sittliche Gute und Böse) und die pneumatologische (das Wirken des Heiligen Geistes in der Gnadenordnung)" (55). Schon die geschöpfliche Freiheit hat die Wahl zwischen Gut und Böse, zwischen Leben gemäß der göttlichen Liebesweisung („Geist") oder dem eigenen Egoismus („Fleisch"), verfällt sie diesem Egoismus, so kann sie daraus nur der göttliche Geist wieder befreien.

Das leuchtet dem Menschen nicht ohne weiteres ein; denn er meint, wenn er die Freiheit habe, sich von Gott abzuwenden und sein eigenes Ich vorzuziehen, so habe er auch die Freiheit, sich von sich selber wieder ab- und Gott zuzuwenden. Diese Meinung ist von der Kirche als Häresie (Pelagianismus) endgültig verworfen worden: wer sich selber zum „Gott" wählt, verfällt damit einer Sklaverei und einem Zwang, aus dem er sich selber nicht ohne ein gnadenvolles Eingreifen Gottes befreien kann. Schon die natürliche Freiheit ist, wie das Dasein selbst, ein *Geschenk*, das man zwar verachten und wegwerfen, aber sich dann nicht selber wieder aneignen kann.

Das Geschenk Gottes ablehnen heißt zugleich die freie Bindung Gottes an sein Geschöpf, gesteigert im Alten Testament zum eigentlichen Bund Gottes mit Israel, aufsagen, und dieser Bundesbruch kann, als tiefe Beleidigung Gottes, vom Menschen her nicht geheilt werden. Weil Gott sich frei an den Menschen endgültig gebunden hat, und dies aus gnadenvoller Liebe, kann die Verachtung dieser Bindung nur eine „Beleidigung Gottes" (39) sein. Von diesem Begriff aus wird uns eine der erstaunlichsten Äußerungen der Enzyklika in ihrer Berechtigung verständlich.

7. Der Schmerz Gottes

Der Papst nimmt dieses heute von den Theologen umstrittene Wort unbefangen in den Mund. Wenn der Heilige Geist die Welt der Sünde überführt, deckt er auch das innerste Wesen des Leidens auf. Sollte, wird gefragt, diese Überführung „nicht auch das Aufdecken des unfaßbaren und unaussprechlichen Schmerzes bedenken, den die Heilige Schrift in ihrer anthropomorphen Sprechweise wegen der Sünde in den Tiefen Gottes und gleichsam sogar im Herzen der unbegreiflichen Dreifaltigkeit zu sehen scheint?" Gewiß, sagt der Papst, gibt es in Gott keinen Schmerz, der einem Mangel entspränge. Aber spricht die Schrift nicht von einer „Reue" Gottes, daß er die Welt erschaffen hat? (Gen 6, 5–7). Und noch tiefer spricht sie „von einem Vater, der Mitleid mit dem Menschen hat, gleichsam als teile er seinen Schmerz. Schließlich wird dieser unergründliche und unsichtbare ‚Schmerz' des Vaters vor allem das wunderbare Heilswerk der erlösenden Liebe in Jesus Christus hervorbringen" (39), bei dem man nicht übersehen darf, daß der Vater als erster auf den Sohn aus Liebe zur Welt „verzichtet" (Joh 3, 16) und daß es undenkbar wäre, wenn der

Kreuzesschrei des verlassenen Sohnes das Herz des Vaters nicht anrührte. Die verurteilte Irrlehre des „Patripassianismus" hatte etwas ganz anderes gemeint: nämlich daß Vater und Sohn eine einzige Person seien, so daß der Vater das Kreuz selbst erleide. Für die Weise, wie das Herz Gottes durch die Beleidigung der Sünde angerührt wird – und das wird es sicher –, haben wir freilich keine hinreichenden Worte. Aber schon Origenes hat zu sagen gewagt (für einen Griechen erstaunlich), „selbst der Vater sei nicht ohne Leiden" (Ez. Hom. 6, 6; vgl. Bernhard, In Cant. 26, 5). Für Johannes Paul II. ist die Aussage vom Schmerz des Vaters die unmittelbare Folge aus seinen Ausführungen über das göttliche Mitleid. „Beim Menschen umfaßt sein Erbarmen Schmerz und Mitleid für das Elend des Nächsten" (39), wie sollte sich darin nicht etwas abbilden, das in Gott sein Urbild hat? Aber in Gott ist dieser Schmerz nur eine Weise seiner Liebe, die die Einheit mit dem Menschen wiederherstellen will: „Wenn die Sünde das Leiden hervorgebracht hat, so hat der Schmerz Gottes nun im gekreuzigten Christus durch den Heiligen Geist seinen vollen Ausdruck gewonnen. Wir haben hier ein paradoxes Geheimnis der Liebe: In Christus leidet Gott, der von seiner eigenen Schöpfung zurückgewiesen wird: ‚Sie glauben nicht an mich!'; zugleich aber holt der Geist aus der Tiefe dieses Leidens … ein neues Maß für das Gnadengeschenk, das dem Menschen und der Schöpfung von Anfang an gemacht worden ist" (40).

Um dies zu verstehen, muß die Deutung von Hebr 9, 14 hinzugenommen werden, wo gesagt wird, daß „der Heilige Geist im Opfer des Menschensohnes gegenwärtig" war: „Jesus hat sich blutig selbst als makelloses Opfer Gott dargebracht", aber, so wird hinzugefügt, „kraft ewigen Geistes" (40). Wie im Alten Bund Feuer vom

Himmel die menschlichen Opfergaben verzehrte, so ist hier „der Heilige Geist Feuer vom Himmel, das in der Tiefe des Kreuzesgeheimnisses wirkt, ... er versenkt sich gewissermaßen in die Herzmitte jenes Opfers, ... er verzehrt dieses Opfer mit dem Feuer der Liebe, die den Sohn mit dem Vater in der trinitarischen Gemeinschaft vereint" (41). So wird im Kreuzesopfer der ganze dreieinige Schmerz über die Sünde der Welt zu einer einzigen Liebesflamme, die alles verzehrt: sowohl das Opferlamm wie die Schuld derjenigen, die es gekreuzigt und damit Gott aufs höchste beleidigt haben: und dieses im Kreuzesschmerz den Beleidigungsschmerz verzehrende Feuer, der Heilige Geist, kann dann den Menschen als Gabe und Pfand der göttlichen Versöhnung und des Neuen und nunmehr unauflösbaren Bundes geschenkt werden.

8. Das Geheimnis des wachsenden Widerstands

Aber gerade weil damit von Gott her das Letztmögliche dem Menschen angeboten worden ist, kann die menschliche Weigerung sich auch zu einer letzten Dramatik steigern. Mit dieser befaßt sich, wie anfangs gesagt, der mittlere und wohl wichtigste Abschnitt des Schreibens, der von der „Überführung der Sünde durch den Heiligen Geist" handelt (27–48).

Überführung heißt zunächst ein heilsames Aufdecken dessen, was von Anfang der Welt an verborgen war: die Bloßlegung der Wunde vor dem Arzt. Der „Ungehorsam des Anfangs", „die Wurzel aller andern Sünden", „das Geheimnis des Bösen" ist durch den „Gehorsam Christi bis zum Tod" erst wirklich ansichtig geworden (33), und der Geist deckt die ganzen Ausmaße dieses Ge-

gensatzes auf, der in seiner Radikalität eben dort auf-
brach, wo der von Gott gesandte Erlöser von der
Menschheit abgelehnt und verworfen wurde (27). Aber
das Werk des Erlösers war es, die Menschheit dadurch zu
retten, daß es den Fürsten dieser Welt, den Satan, seiner
Macht entthronte (Joh 12, 31) und damit „das Gericht"
ergehen ließ, das „die Rettung, das Heil der Menschen
zum Ziel" hatte (27). Die „Heilsökonomie Gottes entzieht den Menschen gewissermaßen dem Gericht, der
Verdammung, von der die Sünde Satans, des Herrschers
dieser Welt, betroffen ist" (28). Damit ist der Sinn der
Aussage in Joh 16, 11 ohne Zweifel richtig herausgestellt. Auch darin, daß mit diesem „Gericht" über Satan
die Welt als ganze gemeint, die „Universalität der Erlösung" (29) ausgesprochen wird. So kann Petrus, voll des
Heiligen Geistes, am Pfingsttag die Frohbotschaft von
diesem befreienden Gericht allen Nationen verkünden
(30). Gott hat das Geschick der Welt umgekehrt, deshalb
muß nun auch der Mensch umkehren: die Überführung
der Sünde überzeugt zwar von ihrer Vergebung, aber um
von der Sünde überzeugt zu werden, ist Umkehr erfordert (31). Dies alles hängt jedoch an der Anerkennung
der am Kreuz Christi erfolgten Tat Jesu, die der Heilige
Geist nunmehr der Welt bezeugt.

Aber wird die Menschheit sich von dieser Tat Gottes
überzeugen lassen? Das Aufdecken der Sünde durch den
Heiligen Geist beschränkt sich nicht auf den Pfingsttag,
es wird sich durch die Weltgeschichte hindurch fortset-
zen, freilich als Zeugnis, daß die Liebe Gottes größer ist
als die Sünde der Menschen. Christus „bezeugt, daß in
der Geschichte der Menschheit die Sünde fortdauert;
dennoch ist die Sünde der heilswirksamen Macht der Erlösung unterstellt" (44). Der Geist überführt die Sünde
„immer mit dem Blick auf das Kreuz Christi", ja er läßt

das Gewissen der Menschen, die durch ihre „Gewissensbisse" zu leiden haben, „am Schmerz des Kreuzes teilhaben", wodurch „das Leiden des Gewissens besonders tief,
aber auch besonders heilsam wird". Das wird in dem tief-
sinnigen Satz erklärt: „Die Mühe des menschlichen Herzens und des Gewissens, mit der die ‚Umkehr' oder
Bekehrung geschieht, ist der Widerschein jenes Prozesses, durch den sich die Verwerfung in heilsame Liebe
verwandelt, die zu leiden weiß" (45).

Doch erhebt sich zuletzt die schwerwiegende Frage:
Wird sich die Menschheit von der Wichtigkeit dieser
Umkehr im Kreuz und im Geist überzeugen lassen? Die
Antwort wird wohl lauten müssen: immer weniger. Immer tiefer und verbreiteter wird die „Weigerung, das
Heil anzunehmen, welches Gott dem Menschen durch
den Heiligen Geist anbietet, der in der Kraft des Kreuzesopfers wirkt" (46). Eben dies ist die unvergebbare „Lästerung wider den Heiligen Geist"; sie ist „die radikale
Verweigerung der Annahme jener Vergebung, deren innerster Vermittler er ist". Deshalb die nun folgenden
Schilderungen äußerster Bedrohung unserer Welt aufgrund des „Widerstands gegen den Heiligen Geist" (56),
deshalb auch die immer heftigeren Verfolgungen der
Kirche, die im Geist das Friedensangebot Gottes verkündet. Anders als in dieser dramatischen gegenseitigen Stei-
gerung von Ja – „Kirche in der Verfolgung" (60) – und
Nein ist die Weltstunde angesichts der Jahrtausendwende nicht realistisch zu beschreiben. Das von der Kirche im Geist verkündete Reich Gottes setzt sich
keinesfalls geradlinig durch, sondern nur unter den stei-
genden, aber seliggepriesenen Verfolgungen der Kirche,
die so die Zuversicht hat, auf dem welterlösenden Kreuz-
weg Christi zu wandern.

9. Kirche und Menschheit

Damit ist aber die Kirche, gerade weil sie ihre missionarische Sendung an die ganze Menschheit besitzt, zu einer
ernsten Selbstprüfung aufgerufen. Der dritte Teil der Enzyklika befaßt sich insbesondere mit dieser. Er scheint
zunächst wenig einheitlich. Erst nach einer Meditation
über die Lage der Kirche angesichts der Erwartung der
Jahrtausendwende (49–54) und einer solchen über die
erwähnten bedenklichen Symptome der Ablehnung ihres Heilsangebots (55–57) kehrt sich der Gedanke nach
innen, „der Wirklichkeit des inneren Menschen" zu
(58). Und Gott der Vater wird mit dem hl. Paulus ange-
fleht, „er möge euch schenken, daß ihr in eurem Innern
durch seinen Geist an Kraft und Stärke zunehmt" (Eph
3, 14–16).

In der nun folgenden und abschließenden Besinnung
wird auf die inwendigen Geheimnisse zwischen Gott
und der Kirche zurückgegangen, die verstanden und angenommen sein müssen, wenn die Kirche überhaupt
eine missionarische Wirkung auf die Welt – auch auf die
Welt von heute – haben soll. In dieser Rückbesinnung
auf die wahren inwendigen Kräfte liegt die grundlegende
„Apologetik" des Papstes. Der Christ soll nicht nur bedenken, sondern auch darleben, daß der dreieinige Gott
in ihm Wohnung nehmen will, daß „in der gnadenhaften Gemeinschaft mit der Dreifaltigkeit sich der ‚Lebensraum' des Menschen erweitert, indem er auf die
übernatürliche Ebene des göttlichen Lebens erhöht wird.
Der Mensch lebt in Gott und aus Gott: er lebt ‚nach dem
Geist' und ‚trachtet nach dem, was dem Geist entspricht'" (58). Er erkennt so, was schon „Gaudium et
Spes" 24 bemerkte, daß eine gewisse Analogie besteht
zwischen der Einheit der göttlichen Personen und der

Einheit der Kirche (59, nochmals 62), daß von daher „die ganze christliche Anthropologie zusammengefaßt" werden müßte, daß nur von hier aus verständlich wird, was menschliche Freiheit und Befreiung in Wahrheit besagt (60), daß schließlich die Kirche keine äußerliche Gesellschaft ist, sondern einzig aus der Gottmenschlichkeit Christi verständlich wird, selber eine „gottmenschliche Konstitution" besitzt, „die ihr erlaubt, an der messianischen Sendung Christi teilzunehmen" (61). Christi Fortgang und seine Sendung des Geistes in die Kirche ist gleichzeitig sein „neues Kommen" zu ihr und sein Bei-ihr-Bleiben „bis ans Ende der Welt". So muß jetzt von der hl. Eucharistie gesprochen werden, durch die Christus, abermals „durch das Wirken des Heiligen Geistes" (Epiklese), der Kirche einwohnt, wodurch die Kirche als Leib und Braut Christi selber (nach „Lumen Gentium" 1) „in Christus gleichsam das Sakrament, das heißt Zeichen und Werkzeug für die innigste Vereinigung mit Gott wie für die Einheit der ganzen Menschheit" bildet (63).

Diese letzte Aussage lenkt den Blick von den innern Geheimnissen der sakramentalen Kirche wieder nach außen, denn die Kirche vergißt nicht, daß Gottes letztes Ziel „die Erlösung aller Menschen und in gewissem Sinn der ganzen Schöpfung ist", daß deshalb ihre kirchliche Sendung im Heiligen Geist auf die Rettung der gesamten Welt hin zielt. Wenn Kirche „Sakrament für die Einheit der ganzen Menschheit" ist, dann ist sie es zwar kraft ihrer innern sakramentalen Verfaßtheit, die aber unweigerlich durch ihr bewußtes werkzeugliches Wirken in der Welt diese als Sauerteig durchsäuern muß. Dieses Wirken kann wesenhaft nur ein doppeltes sein, und beide Wirkformen sind solche im Heiligen Geist: die eine Form ist der aktive Einsatz in den innerweltlichen Belangen und Strukturen, die andere ist der innerliche

Einsatz durch Gebet und Entsagung; auf beiden Wegen geht ihr Weg zum Menschen, sogar mitten durch des Menschen Herz hindurch.

10. Das Gebet und das Herz

Wie die beiden früheren Rundschreiben schließt auch dieses mit einer machtvollen Aufforderung zum Gebet. „Redemptor Hominis" sagte: „Wir fühlen nicht nur das Bedürfnis, sondern geradezu einen kategorischen Imperativ zu einem großen intensiven und vermehrten Gebet der ganzen Kirche" (22). „Dives in Misericordia" schloß mit der Aufforderung an die Kirche, je mehr die Welt sich von Gott entferne und somit auch das Geheimnis seines Erbarmens verliere, desto mehr habe sie als Kirche „das Recht und die Pflicht, ‚mit lautem Schreien' den Gott des Erbarmens anzurufen. Mit Christus am Kreuz soll die Kirche ausrufen: ‚Vater, vergib ihnen, denn sie wissen nicht, was sie tun'" – und dies für jeden einzelnen Menschen (15). Die Geistenzyklika schließt, wie das letzte Buch der Heiligen Schrift, mit dem vereinten Gebet „des Geistes und der Braut", die zusammen den Herrn herbeirufen. „Das Gebet ist auch die Offenbarung jenes Abgrunds, den das Herz des Menschen darstellt: eine Tiefe, die von Gott kommt und die nur Gott ausfüllen kann, eben mit dem Heiligen Geist", der sich „unserer Schwachheit annimmt" und im Gebet selbst „unser Unvermögen ergänzt und uns von unserer Unfähigkeit zu beten heilt".

Der Heilige Vater weiß um die heute immer zunehmenden Bewegungen und Gruppen, die „dem Gebet die erste Stelle einräumen und darin geistliche Erneuerung suchen", dabei einen „echten Beitrag leisten zur Belebung des Gebets unter den Gläubigen" und dazu, den Mächten des „heutigen Zerfalls des Menschen" entgegenwirken (65). Dabei darf die Kirche den Abendmahlssaal nie verlassen, in dem sie mit Maria zusammen um den Heiligen Geist gebetet hat, denn Maria als „Urbild" und „Mutter der Kirche" ist auch in der Kraft des ihr geschenkten Heiligen Geistes ihr Vorbild im Gebet.

Gebet kommt vom Herzen und geht zum Herzen: Gottes und der Menschen. Der Heilige Vater liebt dieses Wort, wenn Herz im Sinn der Schrift als Zentrum des innern Menschen, der Person verstanden wird. Für ihn ist der Mensch immer der geschichtliche, leibhaftige, dessen Mitte nicht das Gehirn, sondern das Herz in seinem leib-seelischen Sinn ist. Am „Schluß" der Enzyklika (67) stellt er das Wort „Herz" in die Mitte: „Wir wollen diese Überlegungen beschließen im Herzen der Kirche und im Herzen des Menschen. Der Weg der Kirche geht durch das Herz des Menschen, denn hier ist der verborgene Ort der heilbringenden Begegnung mit dem Heiligen Geist." Der Geist erscheint hier als derjenige, der die beiden Herzen zusammenführt: das der Kirche, die ihren Weg zum Herzen jedes Menschen sucht, und das des Menschen, in welchem der Geist immer schon als Tröster, Beistand, Hüter der Hoffnung lebt, und der in seinem Herzen deshalb aufgeschlossen sein müßte für die aus der Kirche ertönende Botschaft. Die Einheit beider Herzen war letztlich schon im Herzen Jesu vollzogen (vgl. „Dives in Misericordia" 13), dessen gottmenschliches Herz für die Welt geschlagen, aber sich auch im Tode ausgeleert hat, indem es die Sakramente seines Herzens der Kirche einspendete. Hier nun ist es der Heilige Geist, der das Werk des Erlösers begleitet und fortsetzt: „Er nimmt von Christus und vermittelt es allen, indem er durch das Herz des Menschen immerfort in die Geschichte der Welt eintritt." Er wird zum „Licht der Herzen", zum „Seelengast", „den die Kirche an der Schwelle zum Herzen jedes Menschen immer wieder grüßt". Die Kirche ihrerseits „bittet mit ihrem Herzen, das alle menschlichen Herzen in sich faßt", um die Früchte des Geistes für alle Völker, damit er in allen „Gewissen und Herzen gegenwärtig" sei und den Erdkreis „mit Liebe und Freude erfülle".

Denkt man an den Sinn von „miseri-cordia", die als eine Haupteigenschaft Gottes gepriesen wird (dem Lateinischen entspricht das deutsche (Er-)Barm-Herzigkeit), so wird der Begriff in die Mitte Gottes eingesenkt. Hier ist es dienlich, dem abgegriffenen Wort „Liebe" eine lebendigere Färbung zu geben, jene, die sich im ganzen Heilswerk des dreieinigen Gottes durchhält und so die menschlichen Herzen unmittelbar anspricht (Div. in. Mis. 7: Erbarmen als „zweiter Name der Liebe"). Er öffnet zugleich den innersten Sinn des Seins (während die schöne Amida-Religion des Erbarmens bei einem Zweitletzten stehen bleibt, an der Schwelle des Letzten: Nirvana), und müßte deshalb nicht so sehr das Gehirn als das innerste Zentrum des Menschen ansprechen.

Alle drei Enzykliken sprechen (eine gewisse vatikanische Sollemnität und Rhetorik völlig hinter sich lassend) in einer herzerfrischenden Weise von Herz zu Herz, jede in ihrer Weise. Dies schien in den beiden ersten leichter zu sein als in der dritten, ist doch der Heilige Geist für viele, auch Christen, ein unfaßbar Fremder. Aber die beiden großen Heilig-Geist-Hymnen überwinden diese Scheu, und die Enzyklika tut es gleichfalls: Wir erfahren vom „Vater der Armen", „Spender der Gaben", „Licht der Herzen", ohne dessen allseliges Licht „nichts im Menschen fehlerlos ist", ja überhaupt „nichts ist".

Es dürfte sinnvoll sein, auf diesem Schlußakzent noch

ein wenig zu verharren. Nicht nur Andersgläubige, auch Katholiken sehen oft im kirchlichen „Lehramt" eine unpersönliche Institution, hauptsächlich damit beschäftigt, Lehrtraditionen zu erhalten und einer mehr oder weniger widerstrebenden Welt moralische Weisungen zu geben. Daß dieses „Lehramt" etwas mit Herz zu tun hat, ist den meisten so unbegreiflich, daß wenn ein Papst wie der gegenwärtige sein Herz ungeschützt vor allen Völkern, am liebsten vor Armen, Kranken, Ungebildeten und Jugendlichen öffnet, man darin eine wohlberechnete Form von Propaganda wittert und ihm – wie Judas angesichts der „Verschwendung" der kostbaren Salbe Marias von Bethanien – die Kosten seiner Begegnungen mit seiner weitverstreuten Herde vorrechnet: „Wozu diese Verschwendung?" Solche Finanzleute haben offensichtlich nichts von der Logik des Herzens verstanden, welche die Logik des dreieinigen Gottes, die Logik des erbarmenden Vaters, des ausgeflossenen Herzens Jesu und deswegen auch die Logik ihres von beiden ausgehenden Geistes ist. Von Anfang an wird diese göttliche Herzenslogik dem kirchlichen Amt übergeben: nur auf das Wort Petri hin: „Herr, du weißt alles, du weißt auch, daß ich dich liebe", wird ihm die Herde Christi anvertraut. Man gedenke einer Gestalt wie Gregors des Großen, um zu erkennen, wie ein Papst nicht nur mit Geist und Verstand, sondern mit blutendem Herzen regiert. Und wer wollte diese Einheit von Amt und Herz den großen Päpsten unseres Jahrhunderts absprechen, vom hl. Pius X. an bis zu Paul VI., Johannes XXIII. und Johannes Paul dem I. und dem II.?

Die göttliche Liebe ist in Jesus Christus Mensch geworden und hat in ihm ihre wahre Mitte offenbart: die Menschen sollen bei Jesus Ruhe finden, weil er „sanftmütig und demütig von Herzen" ist und weil das Ende seiner Passion die Öffnung seines Herzens war, aus dem die ganze Kirche ausströmte, deren objektive Dimensionen – ihre Sakramente, ihre Verkündigung, ihr Amt – von dieser Herkunft aus dem gottmenschlichen Herzen zeugen. Und Paulus, in dessen „Herz Gottes Licht aufgestrahlt" ist (2 Kor 4, 6) und dessen „Herz sich" vor seinen Gemeinden „weitet" (2 Kor 6, 11), gibt seinem Nachfolger nicht ein bloßes Amt weiter, sondern gleichzeitig einen „Geist der Kraft, der Liebe, der Besonnenheit", der am ganzen Wandel Pauli, an seinen Verfolgungen und Leiden teilnehmen soll (2 Tim 1, 7; 3, 10). Die ersten Jahrhunderte wußten sehr wohl, daß die Weitergabe des Amtes immer auch die Weitergabe des Geistes und der Herzensgesinnung der Apostel miteinschloß. So sagt Hippolyt, die Irrlehren würden von niemand anderem widerlegt „als vom Heiligen Geist, tradiert in der Kirche, da ihn die Apostel als erste empfangen hatten und ihn denen übergaben, die den rechten Glauben besaßen" (Philos. I praef.). Amt heißt immer Gegenwart des Heiligen Geistes, der aus dem Erbarmen des Vaters und dem offenen Herzen Jesu der Kirche übergeben wird. Deshalb ist mit dem institutionellen Amt nicht nur das Charisma der Prophetie innigst verbunden – der Auslegung des Wortes und Willens Gottes für jede Weltstunde –, sondern die Kraft des christlichen Herzens, das aus seiner durch die in Welt und Kirche wuchernde Sünde aufgestoßenen Mitte die Weltkirche lenkt. Was am offenen Herzen Jesu ablesbar war, ist auch am Herzen jedes guten Papstes, Bischofs, Priesters ohne weiteres ersichtlich: ohne ein verwundetes Herz, „ohne Blutvergießen keine Vergebung" (Hebr 9, 22), ohne Hingabe der eigenen Substanz keine kirchliche Fruchtbarkeit.

Zwischen Heiligem Geist Gottes und gottmenschlichem, offenem Herzen Jesu kann nicht geschieden werden. Damit sind wir ein letztes Mal bei der Konvergenz zwischen „Theozentrik und Anthropozentrik" im Programm der vorliegenden Enzyklika. Mitte des Menschen aber ist sein Herz, in dem seine geistigen und leiblichen Kräfte sich zu einer höheren Einheit verbinden. Dort ist sein Zentrum, und dieses wird, wenn Gott Mensch werden will, auch zum Zentrum der göttlichen Offenbarung, die, nach der Lehre der drei Enzykliken, ihrerseits ihr Zentrum im Herzen Gottes besitzt. Damit ist das wundersame Geheimnis gelüftet, weshalb die katholische Kirche im Innersten so menschlich, so nah dem Herzen der Menschen sein kann: eben deshalb, weil Gott selber, unter uns wohnend, uns sein Herz im unsern eröffnet; dort, sagt der Papst, lebt und wirkt der Heilige Geist.